La vida feroz

Edición exclusiva impresa bajo demanda por CreateSpace, Charleston SC.

.CERO

EDICIONES PUNTOCERO
Caracas | Montevideo | Buenos Aires | Bogotá | Santago de Chile
e–mail: contacto@edicionespuntocero.com
www.edicionespuntocero.com

ISBN: 978-980-7312-44-8

Diseño de colección y diagramación
Ediciones Puntocero

Fotografía de portada
Eduardo Regalado. De la serie *Todo lo que Caracas nos deje hacer.*

Corrección
Sol Miguez Bellán

Printed by CreateSpace, An Amazon.com Company

La vida feroz

Historias cotidianas de un juego sin reglas

HÉCTOR TORRES

.CERO PUNTOCERO NO FICCIÓN

Contenido

Los hombres que se yerguen no son de la misma especie animal que los hombres que son derribados y allí se quedan.
GONÇALO M. TAVARES

¿Qué es un tipo duro? ¿Aquel que golpea a otra persona o el que tiene el valor de aguantar los golpes?
HARVEY KEITEL

Al inexplicable poder de la esperanza.
A los que buscan su lugar en el mundo.
A los que no se creen del todo la palabra derrota.
A Fabrizio, Ariadna y Rodrigo.

Quiero dejar constancia de mi agradecimiento a Ulises Milla, por vislumbrar el proyecto con tal claridad que hasta le vio el título; a Roberto Gutiérrez, por echarme el cable en el momento preciso para terminarlo en el plazo previsto; a todos aquellos que me regalaron sus testimonios y su tiempo; y, por supuesto, a Lennis, por la afortunada e incesante sintonía.

No en balde se llama *La vida feroz*

«Podrás ser más talentoso que yo, podrás ser más inteligente que yo,
pero si los dos nos subimos a una cinta de correr, va a pasar una de dos cosas:
o tú te bajas primero o yo me voy a morir».
WILL SMITH

DICEN QUE SI ELIMINÁSEMOS TODAS LAS ARAÑAS de la faz de la tierra, al poco tiempo moriríamos aplastados bajo el peso de las nubes de moscas. Exagerada o no la afirmación, si algo sí es cierto es que más allá de las antipatías que, por capricho o arbitrario sentido moral, nos produzcan ciertas especies, en la vida natural no hay buenos ni malos. Cada uno cumple su rol en ese diseño de fino equilibrio. Y lo hace todo lo bien que lo sabe hacer.

La energía que pone a andar al mundo es una infinita lucha de fuerzas que se oponen unas a otras, perdiendo a veces, ganando otras pocas, cambiando de lugar cada tanto, a fin de producir ese equilibrio. Un equilibrio que no siempre se entiende, pero parece estar mejor diseñado de lo que uno creería.

Ni modo, no nos fue concedido leer la letra pequeña del contrato.

Es por eso que a veces la gente ni sabe contra qué lucha. En ocasiones ni siquiera se percata de que lo hace. No se ha detenido a pensar en ello y se levanta todas las mañanas a hacer lo de siempre. Precisamente: luchar, pero como nació haciéndolo, no lo ve de esa manera.

Bien visto, el asunto no es tan malo. Eso de enfrentar adversidades con mínimas posibilidades de éxito resulta tan agobiante que conviene vivir en la inocencia. Sobre todo porque la última de las contendientes ha resultado imbatible en todos sus combates.

(Sí, esa: la Abuela, la Doña, la Vieja, la Patrona, la... Esa misma).

Por tanto, la única estrategia para seguir sobre el *ring*, volviendo al centro tras cada contienda, es no pensar demasiado en la cuestión.

La lucha por sobrevivir es lo que mantiene el equilibrio. Pero no peleamos en igualdad de condiciones, peleamos contra la máquina. Cualquiera, con un poco de cultura de videojuegos, sabe de qué estamos hablando. Es una lucha diseñada para que sintamos que podemos ganar y, con la carnada correcta, nos engolosinemos con esa posibilidad. No en vano, cuando se le pone la suficiente persistencia, la máquina nos otorga victorias parciales. Pero es la máquina, no lo olvidemos, y tiene —como los casinos— el asunto bajo su control.

Celebraremos cumpleaños, rememoraremos polvos inolvidables, experimentaremos instantes apoteósicos, la buena fortuna nos acompañará un trecho, nos levantaremos a la persona que tanto nos gusta, conseguiremos el cargo por el que tanto nos afanamos, ganará nuestro equipo, le diremos sus tres vainas al que nos tenía hartos, llegaremos a sentirnos gloriosos, plenos, felices... Nos parecerá, en fin, que vamos entendiendo las reglas del juego. Pero jamás debemos olvidar que, no en balde, se llama *La vida feroz*.

Y tampoco, que nada nos debe quitar las ganas de jugarlo.

Una cruz marcada

No hay que haber visitado Valle de la Pascua para imaginarla. Su paisaje no es muy distinto a cualquiera de los pueblos y ciudades pequeñas del país. No es difícil concebirla, con sus 125 m.s.n.m. y sus poco más de 120 000 almas. Sus emisoras de radio con locutores gritones, sus liceístas aburridos en las plazas, sus diarios locales, sus árboles impenitentes, sus barrios de la periferia y su centro, que es más o menos el mismo en todos lados.

Pequeños negocios, embotellamientos, buhoneros en sus tarantines, cajeros saturados, basura, aglomeraciones en sus aceras y colas de gente. Y, por supuesto, motos. No hay rincón de Venezuela que no tenga locales chinos ni motos.

Era el primer miércoles del año. Todavía el centro lucía amodorrado, como negándose a despertar del ratón. Los comercios lucían tranquilos. Aunque les dijeron que iba a ser un año duro, la gente igual gastó su dinero en diciembre.

Ganarse el pan con el sudor de la frente es un destino inevitable cuya frontera se cruza apenas se pasa cierta edad. Y, como con el sexo, una vez que se está allí, no hay regreso. Cada quien decide cómo lo hace, pero es lo que toca.

Eso lo sabía «el Babo» cuando salió esa mañana de su casa, con un compinche, camino al centro. A principios de enero todo el mundo está viendo el 15 como el que ve una liana muy lejana cuando ya soltó la anterior. Planear, agitar los brazos, volar… Cualquier intento es válido. Pero ese no era el problema de «el Babo» y su compinche. Su modo de vida no era el de aquellos que debían esperar la quincena.

«Trabajador por cuenta propia», indicaría en la planilla electrónica del Seniat, si no fuera porque a duras penas tiene cédula de identidad y porque evita dejar rastro de su existencia en espacios oficiales.

¿Nos estamos explicando?

Exacto. No podría decirse que ostentara una conducta intachable. Y aunque eso es cierto, tampoco hubiese sospechado que ese primer miércoles de enero serviría para escribir una crónica con él como protagonista. De haberlo sabido, hubiese recelado al ver que su itinerario en la misma partía del barrio La Tormenta, donde vive desde hace años. Más aún, tomando en cuenta que nunca le ha tocado hacer de protagonista de ninguna película. No fue esa la vida que le tocó.

Pero no lo sabía. No es hombre de estar deteniéndose a otear en el horizonte en busca de señales. Por eso él y su compinche caminaron entre las calles de ese centro de actividad comercial menguada y entraron en una zapatería. Aquí el destino comienza a tejer su madeja. ¿Por qué una zapatería? ¿Por qué esa y no otra? Quizá por tener pocos clientes. Quizá porque tenían información de lo bien que había movido la caja los últimos días de diciembre. Quizá porque ahí había unos zapatos a los que él les tenía el ojo puesto. O quizá —y esto agota todas las especulaciones— porque hasta un analfabeta lee claramente las indicaciones del cuaderno del destino.

Lo cierto es que una vez dentro de ese local de espejos en los muros, anchas poltronas cúbicas forradas de falso cuero y paredes cubiertas de zapatos izquierdos exhibidos de perfil, «el Babo» y su compinche sacaron sus respectivas pistolas y advirtieron a los dueños y a la escasa clientela que aprovechaba las rebajas de enero que se trataba de un atraco.

Desconocía «el Babo» que los dueños del local eran evangélicos. Por tanto, mientras él y su compinche despojaban a los presentes de sus pertenencias y cargaban con varios pares de zapatos, al verse sometidos por esa pequeñas máquinas expendedoras de boletos celestiales, aquellos se dedicaron a orar con fervor.

Si ese era el día de su viaje, era conveniente congraciarse con el comité de recepción.

Se puede imaginar Valle de la Pascua. Se puede imaginar su centro y sus emisoras de radio y sus liceístas aburridos. Pero lo que sucedió luego requiere una imaginación «pro». Según asevera la prensa local, en momentos en que la oración iba por «la sangre de Cristo tiene poder», «el Babo» cayó a los pies de sus víctimas, fulminado por un ataque al corazón.

Se dice que esa forma de García Márquez –«el Gabo», para hacer juego de palabras con nuestro protagonista– de contar lo sobrenatural como si fuese normal, era prácticamente una transcripción literal de los cuentos de su abuela, Tranquilina Iguarán Cotes, allá, en su Aracataca natal. Quien no viva en Venezuela creerá que ese universo absurdo, surrealista, violento, ridículo, increíble, que cuenta su día a día, sale de la mente atormentada y paranoica de un escritor adicto al ácido lisérgico (o, en su defecto, de la mente ávida de una abuela de escritor), y no que se trata de una transcripción literal de nuestra realidad cotidiana.

Sucedió en Valle de la Pascua, una pequeña población de los llanos centrales, una versión libre de Aracataca, pero malandra y con un guion de Tarantino. Sería esa la razón por la que el compinche, al ver a «el Babo» en el piso, le quitó la pistola y salió de escena junto con todo lo robado, incluyendo los zapatos que aquel pretendía estrenar ese viernes, con rumbo desconocido.

No iría muy lejos. Quien vive en La Tormenta lleva una cruz marcada.

Era la ley de la calle y no podía haber excepciones

A Manuel Llorens

No es ese animal repulsivo que todo el mundo cree ver. No, señor. Ese del cual alguien escribió, con innegable mala leche, que nadie pondría a su equipo «Los Zamuros de Ningunaparte». Lo que pasa es que, como el matrimonio, el pobre tiene pésima prensa. Pero lo que el prejuicio no deja ver es que este animal, una de las siete especies de buitre americano existentes, tiene un vuelo elegante y majestuoso. Con unos pulmones superdotados para aguantar el aire enrarecido, aprovecha las corrientes cálidas y planea a alturas que ninguna otra ave alcanza.

En 1973, por ejemplo, un pariente lejano —el buitre de Rupell— se estrelló en los cielos de Costa de Marfil contra un avión, a unos once mil metros de altura. Si eso no es volar alto...

El zamuro es un animal de fino olfato que, además de desinfectar sus patas con el amoníaco contenido en su orina, degusta sus platos cocidos en el fermento de sus propios jugos. Y usualmente come en grupo. Eso de comer carne cruda se lo deja a los bárbaros depredadores, quienes, valga decirlo, consumen apenas 36 % de las presas que aniquilan. Si fuera por ellos lo demás se perdería. Semejante desperdicio no se consuma gracias, precisamente, a los zamuros. No en vano forman parte, junto con zopilotes y cóndores, de la familia de los catártidos, palabra que viene de *kathartes*, la cual, traducida del griego significa, literalmente, «los que limpian».

Incomprendida especie que, lejos de recibir agradecimientos, carga encima los prejuicios del mundo solo por hacer bien lo que le toca: limpiarlo de carne en descomposición. Pero ese es otro tema. Lo que viene al caso es que el zamuro es un animal de hermoso vuelo, refinado gusto gastronómico y –salvo a la hora de comer– carácter usualmente manso, al punto de no poseer garras filosas.

Resulta curioso que gente sensible no pueda ver esas virtudes con la misma claridad que la banda del Rabipelao. Claro que, en honor a la verdad, a nadie le consta que este irregular grupo de muchachos de entre 13 y 17 años, que ya comenzaba a abultar un prontuario por los lados de Mesuca, en Petare, se haya detenido a pensar en ello. Posiblemente se sentían afines a su condición de carroñeros. Compartían, eso sí, la misma mala prensa. Aunque ellos, todo hay que decirlo, sí daban material para la fama que se les endilgaba.

La banda del Rapibelao opera en Mesuca desde hace un par de años. El líder es un menor de 16 años que se hizo célebre por su habilidad para huir y esconderse en los meandros de las quebradas. Se dice que las conoce a la perfección y que, en más de una ocasión, llegó a esconderse varios días en ellas, huyendo del fuego enemigo.

Lo cierto es que, aunque nadie sabe cómo ocurrió el asunto, la banda del Rabipelao adoptó un zamuro, que hacía las veces de mascota y estandarte. A raíz de eso, en el barrio se decían muchas cosas. Que era una contra, que el animal estaba embrujado, que era un ángel de la guarda disfrazado para convivir con esos pichones de hampones... De todo cuanto se decía, lo comprobable era: a) que el animal bajaba a comer con ellos y se posaba manso en su compañía, y b) que esa curiosa situación –en buena parte gracias a las leyendas que despertaba– les confería una reputación siniestra, lo que les resultaba útil para disuadir a las bandas rivales.

Hay quien dice que lo habían domesticado con carne humana, para deshacerse de sus víctimas. Pero, nuevamente, nadie podría asegurarlo. Lo que sí podían constatar en el barrio es que, cuando estaban reunidos, el animal describía círculos en torno y que, cada tanto, mataban ratas para convidarlo a comer. Era una escena que se veía con frecuencia cuando estaban en el plan fumándose un tabaco y, quizá, repartiendo un botín. Se podía saber que estaban allí por el vuelo del animal, cuyos círculos cerrados hacía, como ya se dijo, de estandarte. Esa rareza los envanecía. Saberse temidos, no solo por sus fechorías, sino por su mascota, les hacía sentir únicos.

Esa fama siguió remontándose, como el vuelo del zamuro –que, por cierto, nunca se supo si llegaron a ponerle nombre–, y se derramó más allá de sus dominios. Era su GPS.

Una tarde, luego de un enfrentamiento con Los Raticas, la banda del Rabipelao se enconchó en un sitio no determinado, en previsión de una represalia de aquellos que, aunque más jóvenes, eran más salvajes. Estando allí, donde nadie podía sospechar que estaban, escucharon una andanada de tiros que atravesó las paredes del rancho. Cuando alcanzaron a asomarse se supieron rodeados por unos veinte sujetos, que escupían plomo sin compasión y parecían muy dispuestos a completar la tarea. De hecho, «Miguel Hambre» y «Carenueve» cayeron abatidos en un intento de responder el ataque. Solo la legendaria pericia del «Rabipelao» en la huida a través de las quebradas salvó a la banda de la aniquilación total.

Al día siguiente, los sobrevivientes se reunieron convocados por el espíritu de la venganza. Alguien les había echado paja, alguien debía morir. El «Rabipelao» miró a todos los miembros de la banda a los ojos, uno a uno, detenidamente, buscando una mirada que se delatara, un gesto que se quebrara. De pronto, «Chatarra» elevó su mirada al cielo. Cuando el «Rabipelao» estaba a punto de leer en ello el signo de la traición, vio que aquel encontraba lo que estaba buscando en las alturas.

Coñuesumadre, dijo con dolor, ya que le había cogido verdadero cariño al animal.

Era la ley de la calle y no podía haber excepciones. Por tanto, muy a su pesar, lo invitó a comer y, mientras el noble animal se devoraba su ración de rata, el «Rabipelao» tomó un cuchillo y, con sus propias manos, lo degolló.

Hard boiled bolivariano

Cultivar, en la Venezuela del siglo xxi, ese subgénero literario conocido como *hard boiled*, que Raymond Chandler definiría como «la novela del mundo profesional del crimen», supondría lidiar con la desleal competencia de la realidad.

Basta asomarse a Twitter, un día cualquiera, y hacer seguimiento a cualquiera de esas palabras que de pronto persisten en el *timeline*, para asistir a tramas colmadas de situaciones turbias, datos imprecisos, generosas dosis de pólvora, versiones que se contradicen y la elusiva presencia del poder, intuyéndose en la trastienda de los hechos, incrementando la sospecha de todo suceso. Balas, drogas, crímenes retorcidos, declaraciones insólitas… Siguiendo el hilo de una noticia cualquiera, uno se hallaría ante una historia que superaría cualquier intento profesional de novelar el mundo del crimen.

Y sin necesidad de poner ni un gramo de imaginación al servicio de la trama.

Como el caso de los sucesos que se desencadenaron luego de un allanamiento del cicpc a un edificio ubicado en la avenida Baralt, cerca de Quinta Crespo, durante la madrugada de un 7 de octubre, a esa hora en que la avenida exhibe una soledad de basura, oscuridades metafísicas y fluidos escapados al vacío de la tristeza.

Según se deduce de la escasa y fragmentaria información que circuló por las redes, el CICPC allanó el edificio en busca de un hombre que se enfrentó a una comisión de ese cuerpo policial. Por lo categórico de la diligencia se intuye que de ese lado se produjeron bajas que debían ser respondidas de forma clara. Eso parece confirmarse con un dato: el sujeto solicitado es abatido. En el argot de la novela policial esto se entiende como un recado.

En adelante, comienza a espesarse la trama.

Un sujeto, desconocido para el ciudadano común, ofrece unas declaraciones en las que responsabiliza al ministro de Interior y Justicia de lo que pueda ocurrirle: «Si algo llegara a pasarle a José Odremán...». ¿Por qué este sujeto creía que su vida corría peligro? ¿Qué vinculaciones tiene esta escena con la historia que asomamos anteriormente? Ya lo sabremos.

Por lo pronto, tenemos dos hechos: un hombre muere luego de una visita policial y otro hace la típica denuncia del que siente que su vida corre peligro. El eslabón que une ambas cadenas es que «la visita» ocurrió en la sede de uno de esos grupos cuyas irregulares e imprecisas actividades van desde disolver manifestaciones públicas de forma violenta hasta otras claramente tipificadas en el código penal como delitos comunes. ¿Y quién lidera ese grupo? Exactamente.

Tres detalles singularizan este segundo segmento: el sujeto se nombra a sí mismo en tercera persona, es decir, se considera una persona pública, una persona cuyo nombre debemos conocer. El segundo, un tono de voz que podría indicar más sorpresa que indignación, más rabia que advertencia. Un subtexto adosado al pliegue interno del asunto.

Pero el tercer detalle es el más significativo de los tres: cuando el video se hace viral, lo hace bajo el nombre de «Lo que dijo José Odremán, líder colectivo 5 de Marzo, antes de morir». Y, en efecto, en un segundo enfrentamiento en el mismo edificio, en el que se hablaba de un efectivo del cicpc tomado de rehén y de un rescate a sangre y fuego, se produciría lo que nuestro protagonista presintió frente a la cámara que grabó el video: le pasó «algo».

Contrariando la versión oficial, un video doméstico que al día siguiente circuló por las redes mostró una escena en la parte de atrás del edificio inicialmente allanado, en la cual el sujeto que temía por su vida es sacado a empujones por miembros de ese cuerpo policial y, tras una confusa acción, se desvanece al piso antes de llegar a la camioneta policial que lo esperaba.

Los relatos policiales viven de las preguntas que suscitan. ¿Era acaso este segundo muerto el que la policía fue a buscar la primera noche? ¿Se trataría de una confusión en medio de la oscuridad y la prisa? ¿Qué relación tendría el segundo hombre con el supuesto enfrentamiento del que acusaban al primero? ¿Existió tal enfrentamiento? ¿Habrá habido una actuación del segundo hombre, luego de la muerte del primero, que lo hacía temer la reacción de los uniformados?

Muchas preguntas cuyas respuestas jamás verán la luz. Lo que sí la vio fue que, como suele ocurrir con esos personajes que saltan a la notoriedad después de la muerte, comenzó a conocerse su vida hacia atrás. Se supo entonces que el Colectivo 5 de Marzo, organización que lideraba el occiso, agrupaba más de cien «colectivos» de Caracas y tenía su centro de operaciones en la sede de la extinta Policía Metropolitana (de la que era sargento jubilado), en Cotiza.

Para contar su muerte, las fuentes recurren a la elipsis. Apenas se sabe que ocurrió al poco tiempo –¿horas?, ¿minutos?– de sus declaraciones. Ese día en que la fama, más que alcanzarlo, se lo llevó por delante.

Pero su condición de desconocido no era unánime para todos los sectores del país. No, al menos, para el alto poder. Y eso lo dejaba en claro el célebre fugaz, si se saca por las fotos que podían verse, colgadas por él, en su cuenta Twitter. La de portada es con José Vicente Rangel. En otra aparece con Cilia Flores. En una tercera, con los difuntos Robert Serra y Juancho Montoya. Otra más, en un grupo con «el comandante eterno de la revolución bolivariana», como lo señala en su tuit.

Uno ve esas fotos y vuelve a ese video, y comprende el subtexto de ese tono de voz del cual se comentó. La voz que conocimos el mismo día, que no escucharíamos más nunca en vivo, es la de alguien a quien le resultaba increíble lo que estaba ocurriéndole. Él sabía que quienes estaban tras su cabeza no actuarían sin orden de algún miembro de la segunda fila del ajedrez del poder. O es lo que él pensaba.

Como las paradojas que alimentan ciertas novelas, vivió buscando enemigos en gente que ni sabía de su existencia, mientras que funcionarios de una ley de la que siempre se sintió por encima fueron los encargados de sacarlo de la historia.

Como en las novelas del mundo profesional del crimen.

Princesas

«Los momentos que brillan por la fusión de una idea y una emoción son tan pocos que, cuando ocurren, creemos estar teniendo una experiencia religiosa».

Robert McKee

Una niña de unos 5 años, de la mano del papá, saluda al adormilado tren que pasa por la vía superficial. Otra, de unos 13, presenta al mundo sus piernas de cierva con unos *shorts* con los que al fin se animó a salir a la calle. Una pareja que ya se odiará camina con sonrisa de sol ante la palabra futuro... La vida es una composición de manchas de belleza en un paisaje de dolor. Por esas manchas es que vale la pena seguir siendo parte del cuadro.

Eso lo sabe Daniela. Lo sabe y se asegura de recordarlo todos los días.

Tenía 14 años cuando nació su hija. Con ese arranque todo apuntaba en contra. A los 15, ya sabía lo que era darse coñazos con la vida. Y sin *referee*. Todo parecía indicar que daba inicio al conocido ciclo de tantas, antes y después de ella, que sin haber alcanzado los 20 años ya tenían suficientes partos, intentos de hacer vida en pareja y dolores como para perder la ilusión por un mundo que les habrá negado todo, excepto un puesto seguro en las estadísticas de la pobreza crónica. Parecía condenada a ser una más de las que tiran la toalla en el primer *round*. Sin posibilidad de redención ni de aspirar a pedir la revancha.

De eso hace 18 años.

Recordé su historia una mañana, durante los minutos previos a iniciar una charla que iba a dar en la Universidad Simón Bolívar, mientras conversaba con una chica que también esperaba por la actividad. Tendría poco menos de 20. Hablábamos acerca del enorme esfuerzo que tiene que hacer mucha gente para, con todo en contra, no dejarse llevar por la inercia ante la ausencia de futuro que se cierne sobre la gente. Le hice notar que ella era un caso, teniendo que madrugar para ir a clases todos los días, desde Casalta, donde me dijo que vivía, hasta ese apacible y remoto lugar en las afueras de la ciudad.

«Tú no, princesa, tú no», comentó la chica como quien recuerda las palabras proferidas durante un sueño. «Mi mamá siempre me ha cantado esa canción», añadió. De inmediato la reconocí y el resto de la oración vino a mi mente, como activando el mismo sueño. Y la completé:

«Tú eres distinta. No eres como las demás chicas del barrio...».

Se trata de una hermosa pieza de Serrat en la que, como otras escritas por el cantautor catalán, demuestra su extraordinaria sensibilidad para retratar los anhelos y temores, las perplejidades y esperanzas de la gente sencilla respecto a los hijos, que son toda su apuesta posible frente al futuro.

«Tú no has de ver consumida, cómo la vida pasó de largo, maltratada y mal querida, sin ver cumplida ni una promesa, le dice mientras cepilla el pelo de su princesa» dice un pasaje de la hermosa letra con la cual, como un conjuro, una madre de Casalta procuró mantener a su «princesa» a salvo de la desdicha circundante, recordándole lo mucho que espera de ella. Me place imaginarla cantándosela mientras le cepillaba el pelo. Es decir, mientras le daba amor. Con esa canción como sencillo mantra fue eludiendo las trampas que acechaban en el camino: embarazo precoz, deserción escolar, marchitez de la ilusión.

De seguro Daniela nunca escuchó esa canción de Serrat, incluida en su disco *Sombras de la China*, de 1998. Sin embargo, logró eludir un destino que parecía tener escrito en la frente. Su única hija, que podría tener más o menos la misma edad que la chica con la que estuve conversando, ya entró en la universidad, indemne a todas las presiones y modelos fallidos que la circundan.

El de Daniela es uno de los miles de casos de madres adolescentes cuya vulnerable situación contribuye, sin proponérselo, a aumentar las cifras de la pobreza, comprometiendo su futuro y el de las generaciones siguientes. Sin embargo, y aunque nadie le dijera que ella era distinta a todas las demás chicas del barrio, se propuso serlo. Guanteando con ferocidad para no dejarse arrinconar, sacó su bachillerato mientras trapeaba oficinas para una empresa de servicios. Luego consiguió un trabajo en el área administrativa de una de esas empresas en las que prestó servicio y, por último, sacó una carrera universitaria en el área en la cual trabaja. Su esfuerzo, casi heroico, invisible pero fundamental, ha sido tan elocuente que la hija no puede sino honrarlo.

Son muchas las chicas y pocas las princesas. En el imaginario popular estas últimas representan el superlativo de la niña que creció atendida. Un rango para unas pocas privilegiadas. Un milagro arrebatado a la vida, si se trata de niñas sin abolengo.

Tú no, princesa, tú no. Tú eres distinta.

El proceso

«Alguien tenía que haber calumniado a Josef K., pues fue detenido una mañana sin haber hecho nada malo». Sustituyamos el nombre «Josef K.» en esa primera línea de *El Proceso*, por cualquier otro nombre: Rodolfo G., por ejemplo, y podremos ver cómo nuestra realidad se empecina en hacer versiones fílmicas de algunas de las peores pesadillas literarias de la humanidad.

A Josef K. –Rodolfo G., en este caso– un «patriota cooperante» lo acusó de algo, por lo que la noche de un 26 de abril recibió la visita de una comisión del Sebin, con un papel que llevaba su nombre. Y así, sin más pruebas que un testimonio anónimo, un grupo de hombres de negro con armas de asalto sacaron a este ciudadano de 63 años de su casa para trasladarlo a la sede de la policía política.

Esa misma madrugada, su esposa, acompañada de su hija y su yerno, fue a llevarle efectos personales, como cepillo dental y ropa limpia, y una vez allí le informaron que también quedaba detenida. Esa amarga noche fue el principio de una larga pesadilla. Al día siguiente fue allanada la casa de su hija, de donde incautaron computadoras, teléfonos y todo tipo de equipos de comunicación. Dos días después, una pequeña agencia de viajes propiedad de la familia corrió con igual suerte. Su esposa quedaría bajo régimen de presentación. La hermana de Rodolfo, una señora de 70 años de edad, fue trasladada al Sebin a rendir declaración. Él permanecería encerrado, sin cargos y sin saber que esa noche en que lo condujeron por la larga rampa de El Helicoide sería la última que disfrutaría en su cama.

Y así, sumando minutos a las horas, horas a los días, transcurrieron más de trescientas noches desde aquella en que lo sacaron de la casa, para que la madrugada del 13 de marzo del año siguiente, a las hijas les llegara el rumor de que su padre había muerto durante la noche en su celda. Como Caracas no está para andar por ahí cuando cae el sol, debieron esperar hasta el amanecer para constatar que esa dolorosa incertidumbre se convertía en una dolorosa realidad.

Nunca recibió un juicio que demostrase culpabilidad de ningún tipo.

Finalmente, los venezolanos entendemos de qué va el tan promocionado «Proceso». Como en la novela de Kafka, trata de una lotería en la que cualquiera puede amanecer culpable de algún delito y, sin más trámites ni pruebas que un señalamiento anónimo, perder todo derecho, incluidos los de presunción de inocencia y de juicio justo. Y ser condenado por ese delito que jamás se probó.

La vida de Rodolfo G., que cambió para siempre un 26 de abril para apagarse menos de un año después sin haberse despedido de sus seres queridos, corre paralela a otra, oscura y anónima: la del «patriota cooperante» que cargó secretamente con su destino. Y aunque este no lo sepa, su dócil utilidad a la máquina de moler carne solo sirve para engranarla más, cargando incluso con su propio destino, porque si bien la novela de Kafka ilustra la absurda suerte de González, la de este oscuro personaje sin nombre también se puede ilustrar con otra. Se trata de *Una estrella llamada Henry*, de Roddy Doyle.

En ella se narra la vida de un «patriota» irlandés que servía a la «causa». La manera en que lo hacía era aniquilando espías que, según los jerarcas de la organización, se infiltraban dentro de sus filas. Las órdenes venían anotadas en un papelito con el nombre de la víctima a quien él, sin hacer preguntas, ejecutaba convencido de estar llevando a cabo un acto de justicia. Para él sus víctimas no eran tales, sino enemigos, gente merecedora de su desprecio y, por ende, de su merecido destino.

Un nombre en un papelito. Un fervoroso patriota. Un trabajo que hacer. Un enemigo menos. Una víctima sin derecho a la redención. Un círculo de odio. Una victoria tan cerca como el burro de la zanahoria.

Un día recibió un encargo de la manera usual y, cuando leyó el inapelable nombre escrito en el papelito, le comentó al encargado de trasmitir la orden: «Soy hombre muerto». El hombre le respondió afirmativamente. «¿Por qué soy una molestia?», preguntó resignado ante su destino. El hombre le respondió: «Porque eres un espía». Entendiendo el juego al que se estuvo prestando durante tanto tiempo, se permitió hacer una última pregunta a su interlocutor devenido verdugo: «¿De verdad hubo alguna vez alguien que fuese espía?», a lo que el hombre aseveró afirmativamente, con un falso gesto de admiración: «Tú has matado a muchos».

Los personajes de ambas novelas tienen un trágico destino común. Lo único que los diferencia es que, si bien Josef K. nunca entendió de qué se le acusaba, lo que no entendió Henry fue que llenó su corazón de odio, ejecutando al prójimo en nombre de un poder para el cual todas las piezas son, llegado el momento, desechables.

Pitbull terrier

Como en esas máquinas de feria para sacarse premios, uno mete el gancho con el ojo puesto en el tesoro, pero lo que se trae siempre será una sorpresa. Así pasa con la persona a la que le pones el ojo y lo que se trae el gancho, usualmente escondido en la sangre y el apellido.

Miguel conoció a Rebeca en uno de esos trabajos por los que pasó. Un trabajo que, como sucede cuando el destino mete la mano, ella abandonó al poco tiempo de entrar él. Pero el ojo ve solo lo que la mente está preparada para comprender, como comentó alguien cuyo nombre no viene al caso. Y debe tener razón, porque él veía su sonrisa tímida cuando estaban los jefes cerca, pero no las risotadas cuando almorzaba con las amigas; la mirada dulce con la que le devolvía los saludos, pero no las cosas que era capaz de mascullar cuando se molestaba… En fin, no veía las capas que tenía debajo esa morena que se le volvió un misterio irresistible.

Y así comenzaron a conversar en el pasillo del café, a caminar juntos hasta la parada, a salir ya sin excusas, hasta que sin darse cuenta cuándo, de tanto salir –aún después de la intempestiva renuncia de Rebeca– entraron en la vida del otro con la euforia del que está convencido de haber tomado esa decisión. Y Miguel comenzó a conocer las capas que Rebeca tenía debajo de esa piel suave y olorosita, esas que dicen de qué hablamos cuando hablamos de familia.

Rebeca vivía con los padres y el hermano. En un apartamento vecino, en el mismo piso, vivían unos primos de ellos. Y los primos y el hermano habían hecho una sólida cofradía con unos vecinos de toda la vida, convertidos en hermanos de borracheras compartidas, peleas callejeras y huidas conjuntas. Una familia de sangre, literalmente.

Ese pasillo de ese piso de ese edificio era lo que ellos esperaban de la vida. Una sola vida comunitaria donde las puertas de cada apartamento eran un trámite menor. No era así como veía la vida Miguel, pero las circunstancias a veces obligan a asomarnos al jardín desde una ventana ajena. Un mal cálculo financiero los obligó a postergar el alquiler de su propio apartamento y esa gente, capaz de hacer fiestas todos los viernes o mantener las puertas abiertas todo el día, fue la única que se las abrió a ellos y les hizo una fiesta de bienvenida.

Pero Miguel, aunque agradecido y enamorado, no se acostumbraba. Y era mutuo. Sus maneras silenciosas, su incapacidad para entender el dominó, su poca afición a la bachata y a otros géneros bailables de moda, su natural hurañidad fueron elementos difíciles de comprender para esas almas simples que, en su poca capacidad para lidiar con lo distinto, encontraron las explicaciones en el terreno de sus complejos.

Su persistente rechazo a las invitaciones a sumarse a la cofradía produjo un unánime veredicto: se trataba de *un irremediable comemierda*. Y eso que en un principio fue incomprensión, fue rodando hacia el resentimiento, cada vez que él declinaba a participar en una partida de dominó o en una vaca para comprar la botella. El único interés que cobijaba su callado corazón era encerrarse en su cuarto para disfrutar de la razón que lo tenía viviendo entre extranjeros: Rebeca en pantaletas.

Esa persistencia en sus placeres, constatado en el trato que le prodigaba a ella en público, alimentaban la posición de la única voz que se levantaba en contra de la opinión generalizada de la logia masculina. Una de mucho peso: la del suegro. «No es que se cree una vaina, es que está acostumbrado a otra cosa», decía sabiamente cada vez que, en medio de una partida, Miguel pasaba por un lado avivando la estela de reconcomio que despertaban sus formas mansas, indiferentes, ajenas.

Rebeca era una morena menuda y alegre que había encontrado su complemento en su literal opuesto. Enorme, blanco y lacónico, Miguel parecía un oso polar amaestrado, con su vianda del almuerzo en la mano.

Eso fue lo que más ofendió a la cofradía: cuando pensaban que iban a hacer alarde de su exótica adquisición, encontraron en su renuencia una explicación a sus complejos, la cual no era respondida con la debida hostilidad solo porque el viejo lo había prohibido explícitamente. Eso no impedía que cuando aquel no estuviera presente el tema predilecto fuese el oso polar amaestrado.

Es curioso el intenso placer que produce solazarse en el odio y la antipatía.

Y así pasaron los meses. El oso llegaba del trabajo y pasaba por el grupo en el que estaba su familia postiza, y podía intuir cómo a su paso se levantaban comentarios como burbujas en una olla que ha alcanzado su punto de ebullición.

Él, por su parte, seguía de largo preguntándose cómo era que la vida les comía, en sus narices, los gajos de sus naranjas, y ellos no hiciesen otra cosa que celebrarlo. Miguel no era un tipo antipático. Era, a su modesta manera, un tipo angustiado. Un filósofo de oficina, silencioso e incomprendido, que quería protestar contra el diseño de la vida, pero el que estaba a cargo jamás daba la cara.

¿Han notado que lo inesperado aguarda siempre el momento en que todo parece normal para hacer su aparición? Esa noche de viernes todo estaba en su lugar, todos jugando su rol. La vida disimulaba todo cuanto podía, mientras preparaba su numerito. Cuñado, primos y vecinos jugaban dominó frente al edificio, en medio de un ruidoso grupo de borrachos que celebraban un gajo menos en sus menguadas naranjas. El oso, como quedó bautizado, pasó de largo en su aparente indiferencia a la alegría de la vida, para ir a anestesiarse en la fragancia de su mujer.

Como a las dos horas, el espíritu bélico ya había establecido una cabeza de playa en esos pechos que poco tiempo atrás reían y celebraban. Con cada metro conquistado los gritos eran más destemplados y las discusiones más airadas, hasta que, en cualquier mina pisada al descuido, terminó de coger forma el demonio que se estaba escapando de a poquito de esos 33 grados alcohólicos a temperatura caribe.

Nadie podría recordar al día siguiente cómo las cosas llegaron a ese punto. Rebeca escuchó unos gritos venidos de la calle colarse en la película que veía con su marido en su cuarto y, cuando se asomó, vio a un hombre haciendo *swing* con un tubo en dirección a la cabeza de su hermano, quien hacía de esquiva piñata con bastante éxito... Hasta el momento en que un traspié impidió que se retirara lo suficiente y el hombre tuvo ocasión de conectar el tubo en su mandíbula, provocando que cayera como si lo hubiesen apagado con un mando a distancia.

Rebeca no recuerda en qué momento pegó el grito que hizo que su marido se asomara a la ventana. Menos puede recordar cuándo aquel se apartó de su lado para abandonar el cuarto a toda prisa. De hecho, le tocaría enterarse de los hechos como lo hicieron los vecinos que distraían su aburrimiento de viernes con las insólitas historias que regalaban los borrachos de la esquina.

Mientras veía a su hermano en el piso, vio cómo el hombre seguía jugando a la piñata, pero ahora con las cabezas de los primos y vecinos que se lanzaron encima, con un fallido deseo de justicia, logrando conectar a un par más de ellos. Debía pegar duro, porque logró el mismo efecto que con el primero. Parecía un videojuego escenificado en una avenida de arrabal. De pronto, mientras lo observaba (*Hit the head* 2.1, podría ser un nombre poco original, pero eficaz) vio aparecerse una especie de oso enorme, en *shorts*, descalzo y sin camisa, tal como estaba vestido su apacible marido hasta hace un rato en la cama...

Pero, ya va... Ese oso que ahora esquivaba golpes mientras mantenía alertas dos mazos de carne en la espera del momento de levantarlos, era su marido, que en ese instante había logrado encajar uno de ellos en la cara del hombre, quien era ahora el que trastabillaba, bajando el tubo con negligente entrega, mientras los puños del oso lo guiaban en su indeclinable caída hacia el suelo.

Cuando vio que no se movía más, miró en torno y se acercó a medir el daño de los que ahora estaban siendo auxiliados. Luego de eso se percató de que iba vestido más para estar en su cama con su mujer, viendo televisión, que en la esquina que tanto evita, por lo que, al mismo ritmo lento e indiferente con el cual desplaza sus 90 kilos para subir a casa cuando vuelve del trabajo, se dirigió a retomar lo que estaba haciendo 20 minutos atrás.

Familia es familia, dice Rubén Blades. Hay decisiones que vienen en el *set* básico. Esa, de acudir al llamado del clan, se le activó en la placidez de su único vicio: el televisor; y en la ligereza de su única prenda: unos *shorts*. Y así bajó a recordar los compromisos adquiridos por la condición de la familia *in law*. Aunque esa familia adquirida siempre bordeaba la cara exterior de la ley, fue su sentido de ley lo que, sin consideraciones acerca de lo que ellos pensaban de él, bajó a rescatar.

Es más fácil moverse de un extremo a otro del espectro de la apreciación de la gente, que hacerlo poco a poco. Y fue así como Miguel se saltó la condición de miembro de pleno derecho para caer en la de ídolo. El suegro se pavoneaba por su claridad. Cuñado, primos y amigos de los cuñados querían disputárselo. Lo sentían suyo. Se volvió «el tipo», «el tigre» y hasta «el negro» cada vez que pasaba, camino a casa, por la esquina donde se añejaba su leyenda.

Pero para Miguel nada había cambiado. Su vida seguía siendo la misma. Volvió a su mutismo, a su rechazo silencioso a toda invitación. A recordarles por qué les caía tan mal. Familia es familia, razona, y solo hizo lo que le tocaba. Es un hombre de pocos y sólidos principios, que no se negocian por una fama efímera, parecía decir para sí mientras volvía a su perplejidad sobre los gajos y las naranjas.

El ser humano olvida pronto. Más si lo que debe recordar entraña agradecimiento, que es una forma de deuda. Lo único es que ya no le dicen, con desdén, oso polar amaestrado. Eso de que «hay ciudades que ladran pero Caracas muerde» aplica también para las personas.

Por eso ahora, con envidioso respeto, le dicen pitbull terrier.

Toda primera vez

A RICARDO SE LE HIZO TARDE jugando con Andrés. Como vivía a unas cinco cuadras, desestimó la invitación del pana a quedarse en su casa y se fue, por la sombrita, hasta la suya.

En este caso la sombrita era toda la fría y silenciosa avenida, porque esa amenaza de «candelita que se prenda, candelita que se apaga» no tiene su correspondiente promesa de «poste que se daña poste que se repara». Lo que sería un interesante punto de partida para hablar de gente más eficaz para la coacción que para la acción. Pero meternos en esas profundidades supondría abandonar a Ricardo en esas otras, las de la noche, donde siempre ocurre algo digno de contar.

Por tanto, volvamos a su compañía.

Caminaba con prisa, pero sin pánico. Aunque usualmente lo hacía más temprano, el paisaje no le resultaba desconocido. Conocía, además, el «modo nocturno». Los quioscos muy pegados a la pared no se atraviesan, se bordean. Al acercarse a una esquina, pegarse al borde exterior de la acera. Andar preferiblemente por la acera contraria a los carros, para no tener que estar pendiente de lo que ocurre atrás. Si una moto pasa por segunda vez, correr sin miramientos.

Llevaba dos cuadras atendiendo al protocolo, y ya se sentía en control de la situación. En tanto avanzaba, con todos los sentidos atentos al más mínimo cambio, se iba intoxicando de adrenalina. Comenzaba a sentirse el protagonista de *Grand theft auto* cuando escuchó los pasos. Sonaba como el redoble de un granadero *in crescendo*.

Intentó correr, pero le cortaron el paso y lo rodearon. El ruido que hacían lo confundió. Aunque hasta unos segundos atrás se sentía poderoso y casi dispuesto a ir por la calle con un bate robando carros y partiendo cráneos, se sintió aturdido. Una vez más entendió la diferencia entre la teoría y la práctica: seis horas diarias de videojuegos de vandalismo y de *shooter* no proporcionan ni un miligramo de audacia ni habilidades para guerrear.

Eran cinco o seis. Tendrían entre 14 y 17 años. Al principio parecía que lo felicitaban por algo. ¿Será que se enteraron de que adquirió nivel 400? Luego sintió algo anómalo en esa alegría. Descubrió entonces que: a) era enormemente fingida y b) no lo incluía.

Era como una celebración de lo fácil que les estaba resultando todo.

De inmediato notó que esos cinco pares de manos que lo palmeaban comenzaban a tantear sus bolsillos. Cuando quiso impedir que algunas se colaran dentro de ellos, lo sujetaron por la muñeca o le dieron fuertes palmadas. Al ofrecer resistencia, las voces aumentaron su algarabía, dirigiendo patadas a sus piernas y golpes a su cabeza.

Fue entonces cuando se sumergió en el pánico. No era un juego. No era teoría. Unos delincuentes juveniles casuales iban por la calle y, viendo al gordito tan solo no se aguantaron y le aplicaron la vieja modalidad conocida como «piraña».

Como el que está dentro del agua sin poder respirar, el corazón de Ricardo amenazaba con ahorcarlo o tumbarlo al piso. Hiperventilaba. Desmayarse no era una opción. Defenderse no parecía probable. Tratar de poner en orden las ideas, complicado.

Por fortuna duró poco. Luego de haberse hecho de su cartera, su celular, las llaves de la casa y hasta del control del ps, y regalarle un par de cachetadas y lepes, volvieron a cruzar la avenida corriendo. Más que asustado, que lo estaba, Ricardo se sintió humillado. Más cuando, a unos veinte pasos de la calle por la que subieron, se detuvieron brevemente para retorcerse de la risa.

El cuerpo tiene curiosos mecanismos. Como un control dañado que ejecuta una acción cierto tiempo después de haber oprimido el botón correspondiente, las piernas de Ricardo se echaron a correr mucho después de haber recibido la orden.

Y lo hizo, con unas enormes ganas de llorar, sin saber si lo hacía en dirección a su casa. Podría jurar que lloraba más de rabia que de miedo. Sin embargo tenía frío. Y se sentía solo. Y descubrió que no tenía ni una pizca de pendenciero. Corrió hasta divisar un esmirriado bombillo pendiendo del techo de la cauchera de una bomba, que estaba de servicio.

Al llegar al sitio, descubrió que dos hombres dormitaban acostados sobre improvisadas poltronas hechas de cauchos. Apenas lo sintieron llegar, levantaron la cabeza sin mucho énfasis. Apelando a su empatía les contó que acababan de atracarlo. Los tipos se comunicaban a través de señas, miradas y movimientos de cabeza entre ellos, mientras él pormenorizaba su historia. Pero nada parecía impresionarlos ni sacarlos de su estado de hibernación.

Toda primera vez tiene en su esencia un elemento de experiencia total. Llena todos los resquicios que habían permanecido vírgenes. Como el agua del río Valle cuando se desbordó y fue a dar a la estación de Metro de Coche, no hay rincón que quede seco. Su intensidad anestesia experiencias posteriores.

Una vez que Ricardo contó lo sucedido, el más viejo le dijo que había tenido suerte. Y, a continuación, comenzaron a hablar entre ellos de las cosas que habían visto, en un ping-pong de señas, breves alusiones e interjecciones, como si hubiesen estado ahí desde el amanecer del mundo, sobreviviendo al castigo de presenciarlo todo hasta que ya no les produjera sino bostezos.

Y él llegó justo en la época de los bostezos.

Pero como Ricardo necesitaba calor humano, resentido ante su indolencia, les dijo que una cosa era «haber visto» y otra haber tenido que padecerlo. Se los dijo, por cierto, con más torpeza y vehemencia de lo aconsejable en sus condiciones.

Pero los tipos, ya se dijo, eran inmutables. Apenas terminó de recriminarles, vio que el joven siseaba, mientras negaba con la cabeza, buscando con la vista al otro. El viejo, tras una sonrisa entre amarga y resignada, miró al piso y le respondió, «aquí, donde estoy, me han robado tres veces», mientras el joven levantaba tres dedos de una mano llena de grasa, para agregar «y la última con tiroteo», usando su mano para hacer ahora una pistola.

«Siete días hospitalizado», dijo el viejo, también riendo.

«Menos mal que fue un tiro limpio», repuso el joven.

«Menos mal», concedió el viejo.

Viéndolos hablar, ya más calmado, Ricardo cayó en cuenta de que ese tono y ese hablar que parecían orquestados, era un rasgo familiar. Luego vio, con total claridad, que se trataba de padre e hijo.

Toda primera vez tiene un algo revelador que se muestra por breves momentos para luego esconderse para siempre de las miradas profanas. Los detalles de toda primera vez desaparecen, dejando en el alma una emoción sin forma. Con el ánimo sereno y sin nada de valor que pudiese ser robado, ya que había perdido y ganado lo que le tocaba esa noche, se fue a su casa, donde no le contaría nada de lo sucedido a su mamá.

Mañana, frente a la pantalla, volvería a sentirse un salvaje depredador.

Treinta velorios y uno

A Samir Kabbabe

GONZALO ES UN CHAMO de la clase media venezolana. Un tipo que, a pesar de todos los indicadores, cree en su país. No solo eso: contribuye a revertirlos desarrollando una intensa labor social en La Dolorita para una organización deportiva. Todos los días sube a hacer su parte con entusiasmo y, luego de pasar el día en la cancha, no hay realidad que le quite el ánimo de levantarse al día siguiente, a seguir haciendo su pedacito de futuro, en un país donde esa palabra duele y luce remota.

Maribel es una señora joven y alegre que atiende y ayuda a Gonzalo, cada mañana, apenas llega al barrio. Forma parte de una red que lo protege y le ofrece soporte logístico, ya que a kilómetros de distancia se ve que no es de la zona, y aunque tiene tiempo subiendo, es mejor prevenir. Maribel también trabaja, en equipo con Gonzalo, por ese pedacito de futuro, en ese país donde aquella palabra duele y luce remota.

Y en el caso de ella, esa esperanza ha encontrado amargos obstáculos en su camino.

Una mañana Maribel recibió a Gonzalo con la sonrisa de todos los días y con la noticia de que habían matado al Jersen. O, mejor dicho, con la buena noticia de que habían matado al

Jersen. Era el *trending topic* del barrio esa mañana. Y aunque ella no es mujer de rencores, no podía negar que su corazón se movía entre las fronteras del alivio, el sentido de justicia y cierta paz que terminaba de asentar asuntos que lo requerían.

El Jersen era uno de los seres más odiados en el barrio. Es muy posible que no tuviera competencia en ese rubro. No en vano, cuando se corrió la noticia de que había logrado sobrevivir a su última pasantía carcelaria y lo «habían soltado», los vecinos se pusieron en alerta. El rumor insistente era que estaba en una concha en la parte alta, dando chance de que la noticia se enfriara para volver a sus andadas, por lo que tomaron la iniciativa y salieron en su búsqueda. Se trata de gente trabajadora y tranquila que, para seguir ejerciendo esos dos atributos en paz, debía ajustar ciertas tuercas.

Y como una de esas tuercas flojas se llamaba Jersen, salieron a ajustarla con las herramientas apropiadas para el caso.

Entre las cosas que le contaba Maribel a Gonzalo, cuando lo puso al día con la noticia, lo que más sorprendió a este fue escuchar que los vecinos insistían en que había «que darle 30 tiros». Que dicho dictamen se repitiese de boca en boca le hizo entender que no se trataba de una cifra aleatoria. Luego lo corroboró. La joyita en cuestión era responsable, él solo, de la muerte de treinta vecinos. Y, colmados en su paciencia, no estaban dispuestos a que se incrementara esa cifra ni a vivir con la zozobra de saberlo de vuelta.

Ya bastante duro pega la realidad cotidiana como para tener que estar esperando un *plus* en cada esquina, cada vez que volvían de su agotadora jornada.

Por tanto, peinaron el barrio, decididos a encontrarlo a como diese lugar. Estaba escrito: para Jersen no había mañana. «Es él o nosotros» fue la irrevocable sentencia que se adueñó de esos corazones fatigados de tanto perder el juego.

Malandros y tipos descarriados hay en todas partes. Pero el Jersen se hizo famoso, en su momento de azote temido, por la crueldad y el descaro con el que había asistido al velorio de cada una de sus treinta víctimas.

Cuando ya la búsqueda se tornaba desesperada, de un barrio vecino les llegó la noticia de un cadáver muy parecido al del tipo que estaban buscando. No tenía treinta, pero sí catorce tiros, tres de ellos en la cara. Eso hacía difícil conocer la identidad. Para asegurarse de que la búsqueda había terminado, o la paz había comenzado, los vecinos que recibieron la foto por celular, la enviaron a los deudos de todas sus víctimas para que hiciesen el reconocimiento de rigor.

Maribel, sin drama, sacó el teléfono y le mostró a Gonzalo la foto del cadáver, mientras le contaba del caso. Cuando la recibió, luego de estudiarla detenidamente, respondió el mensaje con un lacónico «sí, ese es».

Al parecer, huyendo de las deudas que tenía en su feudo, se desplazó a otro donde, por culpa de su mala memoria, no recordó que también tenía cuentas por pagar.

Maribel añadió que, aunque desfigurado, nunca olvidará el rostro que vio, dos años atrás, en el velorio de su hijo. Uno de los treinta a los que él asistió. Por qué lo hacía era algo que ellos no alcanzaban a dilucidar. Ya no importaba. Lo que sí sabían es que había salido de circulación y que no pensaban asistir al suyo.

Acerca de la metamorfosis

A Lucas García

«Cualquier persona que sufre aprende algo».
MARK OLIVER EVERETT

Los días malos son tan intensos que se parecen a la mala vida. Es una exageración tan realística, tan 3D, que si nos agarra con el ánimo en *down* terminamos por confundirlos. Los separa, no obstante, una diferencia capital: de los días malos se sale, tarde o temprano. Tenerlo claro nos impedirá montarnos en el bus equivocado.

Pero mucha gente se confunde y pierde. Y pierde con todo.

Cuando los vecinos notaron su presencia, tenía el aspecto de quien había protagonizado un impetuoso encuentro con el alcohol. Un combate perdido, según todos los jueces. Aunque sus ropas estaban limpias y se veían en buen estado, aunque estaba afeitado y lucía aseado, algo en sus maneras, en su andar, recordaba vagamente al jugador que mandaron a la banca.

La derrota es expresiva y silente, como un buen truco.

Tanto, que no era por esas características que alguien habría notado su presencia. Digamos, que no bastarían para llamar la atención de nadie. Un viernes en la noche esa avenida parece una caravana de delirios y derrotas. El alcohol y nuestra manera de atravesar el portal cósmico hacia el fin de semana estimulan situaciones que no pocas veces se escapan de las manos.

No era por estar en el muro de los borrachos y los objetos extraviados que llamaba la atención. En todo caso porque, pese a ese aspecto tan de estar de pasada, se acostó a dormir sobre la tierra de lo que alguna vez fue una jardinera.

Es decir, cuando los que se asomaron a sus ventanas notaron que el muchacho que parecía venir de una fiesta y se había quedado sentado, solo, en el muro de los lamentos de la cuadra, ahora buscaba la manera de dormir, ahí, a la intemperie, en medio de una calle en la que la gente más bien apura el paso luego de determinada hora, la situación adquirió suficiente personalidad para llamar la atención.

Porque una cosa es estar, despierto, sentado en un muro, viendo pasar la calle, teniendo un par de ojos alertas, y otra muy distinta es acostarse a dormir, dándole la espalda a una calle que si algo no le sobra es inocencia.

Y al día siguiente amaneció ahí. Extrañamente vivo. Y, al parecer, hasta intacto. Y pasó el día en la compañía de los habituales de ese muro. Lo más gráfico sería decir «atravesó» el día. De punta a punta. Con todo lo que cabe dentro de las dos puntas de esa calle. Eso incluye todo lo que hace la gente en su vida cotidiana, pero en un muro por toda casa. Y llegó la noche y volvió a quedarse solo. Y parecía sentirse a gusto en su soledad. Usaba el árbol cercano como baño. Iba a él como quien está en su casa y vuelve a la cama. A veces se sentaba, como si meditara algo que le impedía dormir, pero al rato el sueño lo vencía y volvía a dar la espalda a una calle que cada día hacía más suya.

Y así pasaron los días. Y las semanas. Y los meses. Y la gente se acostumbró a sus excentricidades. A verlo dormir todo el día y velar toda la noche. Y ver cómo al principio pedía a la afueras de la panadería, para luego meter la mano en su basurero a ver qué pescaba, y cuando este se puso mezquino, extender su radio de acción a la basura de los chinos al final de la jornada. Y meditar ante cada pieza encontrada hasta llevársela a la boca, en principio, para luego adquirir formas menos escrupulosas. El que lo había escuchado hablar notaba su buena dicción y su acento típicamente caraqueño. Y no de suburbio, por cierto.

La metamorfosis es un proceso biológico en ciertos animales mediante el cual se producen importantes cambios estructurales y fisiológicos desde el nacimiento hasta la madurez. Ocurre en varios estadios y tiene su especificidad en cada especie. En los anfibios, por ejemplo, supone remodelación de tejidos preexistentes, mientras que en los insectos abarca ruptura de tejidos larvales y reemplazo por una población diferente de células.

Los que fueron tan curiosos para notar el proceso que se operó en él, pudieron ver al hambre esculpir formas filosas en un rostro que antes las tuvo redondeadas, y el cabello hacerse de esa película brillante que separaba mechones en lonjas espesas. Y eso por no hablar de sus cambios fisiológicos, invisibles pero intuidos en las disímiles materias orgánicas que ahora procesaba su sistema digestivo. Y en cómo se protegía del mundo exterior con un agresivo olor que maceraba todas las formas de la descomposición.

Un día, creyendo que ya estaba escondido bajo la mugre, y mientras se ocupaba de buscar con pericia algo de comer en la basura, un señor de unos 55 años, que se desayunaba un cachito en compañía de un amigo, se quedó mirándolo hasta que al fin se le acercó. Le dijo unas palabras, que el otro tomó con incomodidad.

A instancias del señor, le dieron dos cachitos y un jugo, que devoró con hambre animal –afuera del local, por instrucciones del personal de la barra–, mientras aquel le costaba ocultar su desconcertada lástima. Cuando acabó con el último vestigio de comida adherido al papel de la bolsa, agradeció y se dispuso a retirarse. Pero el señor lo retuvo para decirle, con franqueza casi paternal:

«Tus padres están muy angustiados. Yo estoy seguro de que si vuelves ellos te van a perdonar lo que hiciste».

Luego de unos segundos en los que el muchacho recibió esas palabras con la cabeza baja, agregó junto a una seca palmada en el hombro:

«Piénsatelo».

Más incómodo que avergonzado ante esas palabras que sonaban tan remotas, asintió un poco a regañadientes, y se alejó con paso rápido, perdiéndose entre la basura, el color de la acera y las bocanadas de humo de los autobuses.

La sombra de la zorra

La escueta nota apareció en un portal español.

Según ella, un restaurant de Israel, el Humus Bar, ofrecía 50 % de descuento a aquellos árabes y judíos dispuestos a compartir la misma mesa. El subtexto de esa oferta acentuaba, de manera subrepticia, que ambas mitades son igual de importantes para el todo. O, más simple aún, que a la unidad la conforman dos mitades. O que, después de todo, no es aconsejable discutir mientras se come. «¿Te asustan los árabes? ¿Te asustan los judíos? Con nosotros no hay árabes ni judíos, sino personas. Y un excelente *hummus* y *falafel*, seas árabe, judío, cristiano o indio», señalaba la promoción de la página web del local.

Además de un bonito gesto, el asunto tenía su toque pragmático: la guerra no es negocio para el que vive de ofrecer opciones para celebrar la vida. Con la guerra nadie sale a gastar su dinero en paz como mejor le parezca. La guerra es de esos negocios en los que unos pocos ganan mucho y los demás pierden todo.

Pero, ya se sabe, el dinero resulta, a unos más que a otros, insensatamente irresistible. Por tanto, la guerra no es buen negocio para «casi» nadie, y ese «casi» siempre aparece cuando menos se le espera.

Como esa fresca noche de febrero en la que un puñado de afortunados que disfrutaban de un transitorio superávit en sus cuentas aguardaba por ser despachado en un chino de Los Palos Grandes y fue testigo de la llegada de un par de hombres que, ni árabes ni judíos ni cristianos ni indios, se dirigieron hacia la caja abriéndose paso entre las mesas, cargando con algo con que el dueño del Humus Bar agota estrategias promocionales para no ver: fusiles. Uno al costado de cada uno.

Vestidos de verde con chaleco vinotino, llegaron frente a la barra y aguardaron unos segundos mientras, podía suponerse, se ponían de acuerdo con respecto a cuál diría qué al chino de la caja. Cuál haría de policía bueno y cuál de policía malo. Quién persuadirá y quién disuadirá.

Decidido el asunto, uno de los dos se acerca y le susurra algo en voz baja al ocupado e imperturbable chino. Pero si la estrategia era la sorpresa, la deliberación fue demasiado larga, ya que la fría mirada de ojos rasgados lo había visto todo antes de que abriera la boca. De hecho, lo había visto todo desde que los vio atravesar la puerta, al lado de la cual pende un letrero –de obligatorio uso– que prohíbe el uso de armas de fuego dentro del local, prueba inequívoca de que nadie lee los carteles ubicados dentro de los locales.

El chino lo dejó terminar por cautelosa cortesía, pero luego le dijo, usando un tono de voz un poco más alto y seco que el empleado por su interlocutor: «ya atiendo dos grupos». Los hombres de verde y vinotinto, que leyeron correctamente la respuesta, se acordaron entonces que de sus hombros colgaban unos intimidantes tubos, por lo que pasaron a un tono que expresara mayor confianza en sí mismos. Ese tono de informal superioridad con el que le dicen a alguien involucrado en una falta menor que deje algo «pa' los frescos».

Por tanto, el que había hablado en tono confidencial cambió la estrategia y dijo, convencido de que a mayor volumen mayor persuasión: «¿Y qué tiene? Es lo mismo». Y el otro, para no quedar como que no contribuyó con la gestión, añadió con el mismo volumen y alzando los hombros con elocuencia, imitando al compañero, un «¡Claaaro!».

Y esperaron por el resultado del infalible numerito que ejecutan de memoria.

Pero el chino, que es hijo de una cultura milenaria, sabía que dos es dos y tres es tres, y con esta verdad incrustada en el corazón les respondió, con una serenidad no exenta de firmeza, un «no es lo mismo», dando por finalizada la conversación.

En adelante, el asunto pasó a un juego de pulsos. El chino siguió despachando comandas y los hombres de verde y vinotinto permanecieron frente a la caja, en silencio, dejando que la vista de sus uniformes se encargaran de la siguiente etapa de la negociación.

En ese ajedrez invisible que se cocía al calor del pollo flambeado y el aroma a cebollín, el chino apeló a la estrategia de involucrar a los clientes que estaban cerca, buscando despertar la indignación de quienes sí estaban pagando por su consumo: «Primero llegó un grupo y está bien, porque cuidan la zona. Luego, dos grupos», acompañando sus palabras con dos dedos de su mano en el aire, para hacer más gráfica la explicación. «¿Pero tres?», se preguntó —levantando el tercer dedo— mirando con gesto resuelto a los que esperaban en la barra, para negar enérgicamente con la cabeza, como respondiendo su propia pregunta[1].

Luego de haber agotado la estrategia de jugar con el silencio, entendiendo que habían perdido la mayoría calificada,

---

[1]   Estos pedían comida. Los testimonios de «cobro de vacuna», con pago en dinero, por parte de diversos órganos de seguridad e incluso de grupos parapoliciales de apoyo al gobierno, dan material para un libro. Hay avenidas completas cuyos comercios están bajo el control de un grupo, el cual tiene un bien aceptado sistema de recaudación de impuestos al margen de la ley. Cada nuevo control que se le impone al comercio es una nueva oportunidad de negocio para estos grupos.

los hombres de verde y vinotinto enfilaron la retirada, saliendo en dirección a la puerta, serpenteando entre las mesas atestadas de gente que, ajenas al hecho, conversaban de forma animada.

Pese a los uniformes y las armas que tanta seguridad les ofrecen, su estampa recordaba aquella fábula de la zorra que despertó una mañana con el sol a su espalda y, viendo la larga silueta de su sombra proyectada en la arena, dijo: «Esta mañana me comeré un elefante». Pero que luego de vagar por todo el desierto, al mediodía, al ver su sombra casi pegada a sus pies, musitó, resignada, un: «Con un ratón me conformaría».

La guerra no es buen negocio para el que trabaja porque no puede gastar su dinero ni ofrecer opciones para ello como mejor le parezca. Pero, a los interesados en asustar con ella, les permite gastar el dinero de los demás, precisamente, como mejor les parezca.

Algunos de los comensales que salían del local pasaron frente a otro, que está más abajito, y no tenían que ser clarividentes para suponer lo que, en efecto, verían a través de los vidrios del negocio: los de verde y vinotinto frente a la caja, repitiendo la puesta en escena. No perdían el ánimo, a pesar de la derrota anterior. Sus uniformes y artefactos de guerra los harían sentirse «empoderados».

Pero no tomaron en cuenta que los chinos tendrían muchos más motivos para ello. Y no por venir de una cultura milenaria. Ni por poseer un glorioso Ejército Rojo. Ni siquiera por su sangre guerrera. Bastaría con leer en la sección de economía de los diarios con qué país estamos endeudados durante las próximas generaciones para entender la firmeza de su postura.

Las zorras de verde y vinotinto, que viven de asustar con la idea de la guerra, entraron al siguiente restaurant con el mismo síndrome del elefante con el que lo hicieron en el anterior. Pero como se trata de la misma raza, no habría que ser clarividente para saber que saldrían, inexorablemente, con el del ratón.

Explosivo plástico

La historia es, toda ella, una metáfora. Es tan característica que uno no sabría si la vida se copió de la literatura con tanto detalle o si, por el contrario, le dio por escribir una pésima versión de aquella.

Sucedió en una ciudad pequeña, con su economía deprimida, sus pequeños *mandamases*, sus cronistas espontáneos, sus eternos oportunistas, sus miembros de la Sociedad Bolivariana, sus loquitos famosos y sus leyendas. Y, como en toda ciudad pequeña, los centros del poder son un vigoroso imán que atrae a todo el que busca ganarse el sustento con el mínimo esfuerzo posible. El que las ha visto de cerca sabe cómo es su dinámica. Los alcaldes son avezados hijos de Maquiavelo que saben prometer sin comprometer y decidir sin actuar. Por eso, en torno suyo, se desarrolla una fauna delirante: tipos con ideas sensatas pero pésima capacidad para comunicarlas, tipos con buenas intenciones y pocas capacidades, tipos con mucha inteligencia y pocos escrúpulos, tipos que hacen que se mueven sin desplazarse ni un paso, tipos que solo sirven para adular, tipos que no tienen ni idea de nada pero siempre hablan.

A esta última tipología pertenece nuestro personaje. Retaco, con una prominente panza y unas maneras de andar que hacen pensar en el dueño del mundo pavoneándose por su feudo: mirada al horizonte, brazos oscilantes y pose que no permitirá que la posteridad lo agarre desprevenido. Un tupido bigote y una voz estentórea completan su kit. Ostenta uno de esos cargos inexplicables en definición y funciones que suelen crear los alcaldes para sentirse rodeados. Preferiblemente de quien le ría chistes, le celebre decisiones y le alabe virtudes inexistentes.

Una tarde de esa bucólica ciudad en la que nunca pasa nada, un muchacho aburrido de no ver ni siquiera al tiempo mover sus engranajes, encendió un fosforito y lo metió dentro de una botellita de agua que dejó caer, al pasar, en uno de los recipientes de basura ubicados en la plaza frente al pomposo palacio de gobierno local. El fosforito, obviamente, estalló. Y obviamente hizo un enorme estruendo. Y obviamente despertó la alarma del puñado de curiosos (gente que iba a solicitar ayuda, vividores, asistentes, empleados sin oficio y viandantes) que estaba en las cercanías del único rincón del pueblo que siempre se muestra activo.

Luego del sonoro estallido, los curiosos rodearon con cautela el recipiente de basura, sin atreverse a verificar la causa. Todos morían por tener algo que contar al llegar a casa, pero ninguno estaba dispuesto a morir por enterarse. De esta manera, y dado que estamos hablando de una pequeña ciudad bucólica, nadie terminaba de animarse a indagar sobre el asunto.

Y aquí entra en escena nuestro personaje. «Tenemos pruebas», «plan macabro», «paramilitares», «me quieren matar», «el venezolano come mucho», «hay pleno abastecimiento», «le tienen miedo a nuestros logros»... Los especímenes que conforman el grupo al que pertenece aprendieron que se puede decir cualquier cosa, por descabellada que sea, y que lo importante es el tono, no la pertinencia. Ni la veracidad. Ni la utilidad. Ni el bien común. El tono. El que pega primero pega dos veces, piensan quienes dicen todo lo que les pasa por la punta de la lengua.

Y, atendiendo a esa necesidad, salió del Palacio Municipal contento de habérsele adelantado al resto del séquito. Se abrió paso con aires de importancia y, para demostrar su lealtad y renuncia, se asomó al recipiente de basura sin mayores prevenciones ni cuidados. Lo inspeccionó brevemente, tomó cuidadosamente la desfigurada botella de agua y, levantándola a la altura de su cara, arrugó el rostro como haciendo un concienzudo análisis.

Luego, asintiendo con gravedad, dictaminó con esa voz que tanto le gusta de sí mismo, asegurándose de que todos los presentes escucharan:

«Lo que me sospechaba: Explosivo plástico».

Normalidad

YA SE DIJO: NACES EN UN SITIO y te parece que eso es la vida. Y
no está mal que pensemos que ese fatigoso guanteo es lo que
toca. Como esa idea de una humanidad recién creada con una
memoria ilusoria, así nos ponen en el juego, con una sensación
de que eso que enfrentamos todos los días es el único plato del
menú, el cargo vacante disponible.

Y, en efecto, hasta que se compruebe lo contrario, es lo
que hay.

Hay quien jamás podrá comprobarlo. En Lima, por ejemplo, hace un frío húmedo donde casi nunca llueve. Para los
que allí nacieron, es lo normal. Los habitantes de Yakutsk, en
Siberia, se levantan todos los días de la cama para encontrarse
con una temperatura media de 10 grados bajo cero que alcanza,
en enero, hasta 40 grados sumergidos en un infierno glacial.
En la población libia de Al Aziziya, en cambio, las temperaturas pueden alcanzar los 57 grados centígrados. En la Zona
Metropolitana del Valle de México conviven 21 millones de
personas que honran la máxima gastronómica del «si se mueve
se come». La ciudad iraní de Zabol vive azotada por tormentas
de arena toda la estación estival. Miyakejima es una isla de

Japón de apenas 55.5 kilómetros cuadrados, en la que un poco menos de tres mil almas conviven con el monte Oyama, un volcán ubicado en todo el centro, cuya última erupción ocurrió en julio de 2000. Cinco años después de haber sido evacuada, sus habitantes volvieron y usan con frecuencia máscaras de gas, debido a la toxicidad del aire. En Santa Cruz del Islote, una isla en Colombia, viven más de 1200 personas en apenas 0,012 kilómetros cuadrados de superficie. Los habitantes de Gaza y Jerusalén sobreviven a bombardeos y ataques aéreos como parte de la vida de todos los días, con la misma resignación que los de la imaginaria Berk lidian con ataques de dragones.

Para los que allí nacieron esa es la vida, y no siempre (o no todos) alcanzan a pensar siquiera que podría ser otra cosa.

Caracas, por su parte, fue edificada en un estrecho valle al otro lado de una montaña que la separa de un mar salvaje que, aunque no se escuche, vibra como un silbato gigante. Bajo la ciudad hay una selva que jamás se da por vencida. De cada juntura entre placas de concreto, de cada distancia entre pared y acera, de cada hueco dejado por la desidia brota la yerba, como advirtiendo que aún no se ha dicho la última palabra. La cantidad de loros, cari-caris y guacamayas, y hasta nocturnales lechuzas que aún cruzan el cielo de esta ciudad contaminada y peligrosa, parecen proclamarlo. Tocará ver quién tiene más persistencia en ese quién se come a quién.

¿La selva milenaria, que busca recuperar un terreno arrebatado hace apenas un puñado de siglos? ¿Sus habitantes, unos a otros, poseídos por ancestrales espíritus belicosos enraizados en su valle? La ciudad y la selva, dos fuerzas salvajes embarcadas en una vieja rivalidad. La energía desatada de esa lucha, silenciosa pero a muerte, es nuestro combustible diario.

En ese marco vamos haciendo nuestra normalidad.

Sobre una jornada de liberación

Imagínate que vives en la Cota 905 y esa mañana tuviste que llamar a la oficina para avisar que: «Usted sabe cómo es. Yo vivo en barrio. Y aquí, cuando no hay un paro de transporte porque mataron a uno de la línea, trancan la calle porque la gente se cansa» o, quizá... «Hoy hubo un Operativo de Liberación del Pueblo que no previó que yo, desde que tuve edad para cargar una bombona, no me libero de ganarme el pan todos los putos días». Y en cuanto cortas la llamada te resignas a que, luego de tanta excusa y tanta falta, un día descubrirás sin sorpresa que... «Decidimos liberarte de tener que dar excusas», te dirá el jefe con una sonrisita de mierda.

Imagínate que escondes a los muchachos en la parte de la casa que está más lejos del alcance de las balas. En un sitio donde puedan estar cinco, seis horas, escuchando plomo sin moverse ni para ir al baño. Y ruegas que no te tumben la puerta cinco tipos que parecen escapados de *Call of Duty*, ni que destrocen a su paso tus pocos corotos. Y te alegras de que tus hijos mayores se hayan ido a vivir con su papá. Y que, de los que te quedan, ninguno tenga tatuajes, porque eso en un barrio te hace doblemente sospechoso.

Que en los barrios los muchachos aprenden desde pequeños que, con las coqueterías que se ponen de moda, ciertas condiciones aplican.

Y, en ese ejercicio de comprensión del otro, recuerdas que eso pasaba antes y que por cosas como esas es que odiabas a los «de la cuarta». No subían a llevar bibliotecas, grupos musicales, servicios de salud ni jornadas de vacunación. No subían a ofrecerte ningún gesto para sumarte a la ciudad, porque siempre viviste en una extensión. En la parte externa de los márgenes. De la ciudad. De las noticias. De la vida. Lo único que asumiste con toda regla fueron las restas. Cuando subían era para repartir plomo. Más que una acción policial parecía una represalia de los jefes de abajo porque se les agotaba la paciencia con los de arriba, y enviaban mensajeros para recordarles quién mandaba. Poner las cosas en su lugar, pues. «Tú gobiernas en tu territorio, yo en el mío».

Y suspiras al constatar que ciertos verbos se conjugan igual en pasado que en presente.

Y recuerdas que tu domicilio ya era motivo de que te vieran con sospecha. Recordaste que hasta mentías con tu dirección (en los trabajos, en el gimnasio, en todo cuanto te inscribías). Te ahorrabas preguntas, sospechas y molestias si dabas la dirección de un familiar o amigo que viviera dentro de los márgenes, porque si olía a barrio ya eras culpable de algo.

Y ni hablar de, ¿cómo es? ¿*Delivery*? Jamás estuviste en el radar de ningún servicio. Y si pedías un taxi te decían que esa zona estaba fuera del área de cobertura, como si fuesen celulares. Así que, cuando tenías una emergencia en la madrugada, solo podías acudir a un vecino o a los santos, que eran los únicos que «cubrían» esa zona.

Y te dejaste llevar por el resentimiento. Y odiaste a esos que te decían, como reprochándote: «Mi viejo creció en barrio, pero salió con mucho esfuerzo». Te lo decían así, como si toda Caracas cupiera en el Este. Como si Los Flores o Lídice o

Petare o La Vega no pudiesen ser sitios donde vivir, de existir estrategias pensadas para engranar la ciudad como un todo. Si vieran esos sitios como parte de la ciudad.

En ese ejercicio, te enteras de que a tu vecino sí se lo jalaron, y pasó todo el día arrodillado en el patio de la Guardia Nacional, con la cabeza pegada al pavimento. Después de la primera media hora, te dijo, eso de «rodilla en tierra» solo le puede parecer una buena frase a quien no tiene que ejecutarla.

Plomo feroz y parejo. Ese es el plan vacacional que reciben los chamos de tu barrio. La cifra oficial de 135 detenidos solo se explica en el viejo método de «agarra primero y averigua después», pero con guardias en lugar de policías.

Es decir, más de lo mismo, pero peor.

Porque, de pronto, si sumas la precariedad de las construcciones, lo apiñado de las viviendas y el poder de fuego que debe suponer un gentío escupiendo plomo con armas de guerra, te da por preguntarte: ¿De verdad que todos y cada uno de los muertos de esa mañana sangrienta fueron delincuentes armados disparando contra policías que, en legítima defensa, se vieron obligados a repeler el ataque accionando su arma de reglamento?

Entonces se abre el baúl de las preguntas incómodas: ¿El problema es el barrio o las turbias estrategias como esa de las «zonas de paz»? ¿El barrio o ese amenazante mensaje implícito en esa foto que circuló en las redes que decía «el hampa está con Maduro»? ¿El barrio o los que trafican con armas? ¿El barrio o que nadie sabe decir de dónde sacaron las granadas que ahora poseen los malandros en su inventario? ¿El barrio o que las autoridades tejen una red en las comunidades solo cuando tienen que arriar votos? ¿El barrio o que, después de 17 años, nada de esa millonada que le entró al país y que parece haberse evaporado sirvió para que todos los ciudadanos vivieran de una forma digna?

Pero, hace calor y pensar supone un esfuerzo para el cual no siempre dispones de las energías necesarias, por lo que, para dejar las cosas así, concluyes que sí, el problema es el barrio. Y punto. Así, cuando escuchan hablar de una invasión militar a una zona donde vive gente no falta quien diga: «Por santicos no sería».

En fin, que si vivieras en el barrio, tu mujer te diría que tu problema es que te la pasas «en una sola pensadera», y eso lo que hace es complicarle la vida a la gente. Y te dijeras que, después de todo, como que tiene razón, por lo que apagarías el cigarro, cerrarías la ventana y te irías a dormir, alegre de, al menos, estar vivo.

Su lugar en este mundo

«Oh, father of the four winds,
fill my sails, across the sea of years.
With no provision but an open face,
along the straits of fear».
Led Zeppelin (Kashmir)

COMO YA LO HA DEMOSTRADO la experiencia, comprometer la palabra en llegar a una hora determinada, contando con la puntualidad de nuestro transporte público, entraña poco menos que un acto de soberbia. E insistir en hacerlo, una vez que los dioses han decidido lo contrario, es un acto de locura que depara, como merecido castigo, la ceguera.

Esa súbita soberbia —esa merecida ceguera en forma de furia en el pecho nublando el entendimiento— se apoderaría de una muchacha de unos 25 años, cuyo grácil aspecto no permitiría vislumbrar semejante furia, una mañana en que se dirigía camino al trabajo de todos los días.

Ese día se despertó como solía hacerlo: sin mucho ánimo de hablar con nadie, aunque no de mal humor. Como todos los días, atravesó su circuito sin sospechar la celada que le esperaba en Colegio de Ingenieros. Se estiró, hizo pipí, se dio una ducha, se encremó de los pies a la cara, se puso la pantaleta y una toalla en torno al torso. Así se maquilló frente al espejo del baño, se desayunó brevemente, terminó de vestirse, metió su almuerzo en la lonchera, echó llaves y celular a la cartera, y salió a la calle, como todos los días.

Al menos, así lo creía ella. Pero nosotros, que sabemos que no será un día como cualquiera, asistiremos al encuentro con su destino.

Colegio de Ingenieros es de esas estaciones en las que desembarca poca gente. Abordar un tren allí en una hora de alta densidad exige maña, pulso, paciencia y temeridad. Una naturaleza contemplativa no es la compañía idónea para esa empresa, pero todas las virtudes antes señaladas pueden convertirse en un problema si no ponemos, de administradora de esos recursos, a la señora Sabiduría. Nadie como ella para saber cuánto de cada cosa se pone en cada situación.

Ya le tocaría saber eso a nuestra Níobe de pantalón plisado, blusita transparente y sandalias de tacón bajo, que caminaba con apremio a la estación porque tenía el tiempo contado. Debía estar en 40 minutos en la oficina y sus cálculos le daban exactos: 5 minutos para bajar a la estación, otros 5 esperando el tren, 20 de viaje en el subterráneo y los 10 restantes se consumirían en subir en Los Cortijos, caminar una cuadra, esperar el ascensor y llegar a la oficina antes que su jefe, el abogado para el que trabajaba.

Los abogados son una raza extraña en la que conviven inescrupulosos cínicos con idealistas justicieros. Los del segundo tipo tienen una variedad, peligrosa por intolerante, que podemos llamar olímpica, por no pertenecer a este mundo. Son los que esperan del mundo la pulcritud, la puntualidad y el compromiso de ellos ante el trabajo. De ese tipo era el jefe de nuestra Níobe criolla. De allí el dilema de ir con el tiempo contado pero pendiente de no ajar la ropa, porque, ya se dijo: pulcritud, puntualidad, compromiso...

Cuando bajó al andén el tren estaba en la estación. La vida sonríe, se dijo. Ya algunos usuarios ejecutaban la maniobra de buscar de puerta en puerta hasta lograr dar con ese mínimo espacio donde colarse. Ella apresuró el paso todo lo que la pulcritud le permitió e inicio su búsqueda de todas las mañanas. A dos puertas de donde se encontraba vio a una muchacha escurrirse dentro del vagón y apostó porque el espacio fuese lo suficientemente generoso para ambas. De esta manera, con pasito gracioso y tintineante, se enrumbó al lugar.

¿Cómo podía saber que los dioses habían dispuesto, en ese lugar, ese día y a esa hora poner a prueba su temple?

Para entrar en un vagón repleto que aún no ha cerrado sus puertas es inevitable hacer contacto con el cuerpo que está adelante, ejerciendo una presión que jamás pasará desapercibida. El que está adelante no cederá su espacio de forma gratuita, pero entenderá que otras personas busquen el suyo. Es un asunto de saber hacerlo y eso requiere, por tanto, dominar ciertas técnicas que se perfeccionan con el uso. Primero se coloca un pie en el pequeño espacio disponible. Luego, sujetándose con firmeza de algún objeto fijo que esté dentro del vagón, se comienza a hacer presión, sin brusquedad pero de forma constante, a fin de tener un porcentaje significativo del cuerpo dentro del vagón. Al escuchar la señal, se acentúa la presión para asegurarse de no obstaculizar el cierre de la puerta. Si se hace suavemente, ejerciendo una presión paulatina, el otro se va adaptando a la nueva configuración del espacio, de manera que, cuando las puertas estén cerradas, se pueda liberar la presión.

El primer problema con el que se enfrentó Níobe fue que atacó el espacio con mucha ansiedad. El error fue haber pensado que iba con el tiempo contado en el mismísimo instante que acometió la operación. El cuerpo es tan obediente que es capaz de ejecutar acciones milimétricamente orquestadas ante uno solo de nuestros pensamientos.

Y fue así como su ansiedad, trocada en torpeza, produjo un choque brusco que, a su vez, produjo una reacción en la muchacha que había entrado antes. Era como de su edad y también había salido esa mañana como todos los días, pero más acorde a la batalla diaria: *jeans*, franela, zapatos de goma.

Esta, ante la torpe presión de Níobe, le devolvió el gesto echando el cuerpo hacia atrás con contundencia. Níobe, al verse de pronto fuera del vagón, le espetó malhumorada:

«¿Por qué me sacas?».

A lo que la otra replicó un previsible y simétrico:

«¿Por qué me empujas?».

Níobe tenía al tiempo de *second*, y este le empujaba al centro del *ring*. Viendo cómo ella seguía afuera mientras la otra seguía adentro, luego de un intercambio de insultos entre una y otra, blandió su lonchera como mazo de abordaje y, con la energía acumulada por la ansiedad, lo incrustó en la espalda de su contrincante.

No sabría explicar por qué lo hizo. Ella podría argumentar que el tiempo, que hay palabras que una persona no puede tolerar, que... pero la verdad es que se sintió como nunca antes en mucho tiempo. Poderosa. Y esa es una sensación revitalizante que resulta muy útil para poder enfrentar la belicosa Caracas.

Al sentir el inesperado golpe, luego de un grito de sorpresa, la otra se dio vuelta, todo cuanto le resultó posible, dada su comprometida posición dentro del tren. Cuando lo hizo, le preguntó:

«¿Por qué me pegas?».

A lo que Níobe, exultante, bebiendo de un frenesí inédito, le respondió, retadora:

«¿Por qué me sacas?».

La otra, con mejor repertorio de palabras soeces, le respondió escalando el tono de la confrontación. Pero ya Níobe, que jamás había peleado en toda su vida, había probado el sabor del poder, así que, embebida de soberbia, pensó que solo se trataba de usarlo sin más consideraciones que su deseo, y volvió a levantar la lonchera que, esta vez con la fuerza de la saña, volvió a aporrear a su contendora.

Aquella, que ya demostraría que sí sabía de lances callejeros, pegó un grito que fundía indignación con sorpresa y, en medio de los insultos que iban de una a otra, vio que Níobe no ostentaba la disposición corporal adecuada, por lo que aprovechó esa ventaja. Entonces, la empujó con fiereza. Níobe, que no esperaba esa acción, fue a dar, con su lonchera, su cartera, su blusita, su prisa y sus sandalias de tacón, al piso del andén.

Verla en esa situación fue un llamado a lavar las afrentas que hubo de soportar en público y, dejando salir su pulsión caribe, arremetió contra ella con esos zapatos de goma tan convenientes para la brega callejera.

Luchaban como si, más que por su espacio en un vagón, lo hicieran por su lugar en este mundo. Los mil ojos de la adormilada oruga gigante que yacía en el andén observaban divertidos, escandalizados, impacientes y hasta alebrestados, según el ánimo.

Dicen que el arte vive de los contrastes. Y, en efecto, ver la pelea y escuchar los quejidos agudos, con esa música característica de las caraqueñas, era un raro deleite para el oído. Palabras gruesas en timbres delgados, como una canción de *Death Metal*. Una especie de *Tiny Toon* en versión *slang*.

Níobe, ya embebida de la ceguera que le impedía ver lo que hacía, estaba en el andén de su estación de todas las mañanas, entrabada en un abrazo apretado en el piso con otra desconocida con más maña que ella, repartiéndose golpes, mientras se insultaban y se quejaban alternativamente.

El tren seguía ahí. Eran casi las 9 de la mañana de un viernes. La relatividad del tiempo no es un cliché. Toda una sorda y furiosa batalla que supondría un antes y un después en la vida de Níobe, quien saltaría a la fama en YouTube con el video: «Güirchas se caen a coñazos en el Metro», y no habían transcurrido 10 minutos desde que ella llegó al andén, con pasito gracioso y tintineante.

Cuando los operadores lograron separarlas, dos hombres, delgados, ágiles, sibilinos que veían la pelea desde el andén, ocuparon el espacio vacante dejado por las gladiadoras y, desde allí escucharon cómo Níobe, con mucho compromiso y nada de puntualidad y pulcritud, lloraba mientras se explicaba ante los operadores.

«Coño, pana, disculpe el arrecueste», le dijo el que entró de último al que lo precedía.

«Tranquilo, uno sabe cómo es», respondió el otro, sonriendo.

Y automáticamente, cariñosos, respetuosos, comunicativos, adoptaron la posición que les tocaba en ese tetris de carne y tela cuando escucharon el tono de cierre de puertas.

Y así se fueron, ocupando su lugar en este mundo.

Era una noche de viernes

Hay gente acostumbrada a operar con todo en contra. Gente para la cual lo que en otros justificaría tirar la toalla, en ellos serían las condiciones naturales de su *performance*. Su normalidad. Y, con todo, hay quien se ofende y se siente retado por esa gente a la que no la detiene nada, y el día menos pensado se dejan ver por su ruta a ver si una zancadilla a tiempo pone las cosas en su lugar.

Gerardo Gómez Lugo, por ejemplo, era de esos para los cuales lo que llaman «todo en contra» se había convertido en sus circunstancias naturales. Tenía dieciséis años, cuatro hermanas mayores y el título de Tricampeón Nacional de Kempo. Tenía también sueños y un enorme futuro por delante. A pesar de su «todo en contra». Nada indicaba que en un hogar tan comprometido en la supervivencia hubiese cabida para un campeón. Pero Gerardo era un campeón precisamente por no parar cuando todo indicaba que nada tenía sentido. Sueños y esfuerzos de la mano se convierten en una combinación irrevocable.

Pero siempre hay quien no sabe qué destruye cuando destruye. Gerardo, además de 16 años, sueños enormes y cuatro hermanas que hicieron un cerco contra los atajos, tenía mucho cansancio esa noche de viernes cuando volvía a su casa, en Carapita, luego de sus entrenamientos en el gimnasio del Instituto Nacional de Deporte, ubicado en Montalbán. Se desplazaba, como todas las noches que culminaba sus rutinas de entrenamiento, en un microbús de la línea Capitolio-Antímano, cuando dos delincuentes que viajaban en la misma unidad se pararon de sus asientos e iniciaron su rutina anunciando lo que ya todos temían: que se trataba de un asalto.

Sí, lo más sensato es que se acepte el toque de queda y luego de las cinco de la tarde la gente se exima de estar en la calle. Pero, ¿cómo se alimentan los sueños si se vive de someterse a una vida que cada tanto muestra los colmillos?

Los criminales ordenaron a los pasajeros que entregaran todos sus objetos de valor y que no intentaran resistirse, porque iban «escoltados» y al menor indicio les arrojarían una granada. Los pasajeros pudieron verificar con horror que, en efecto, tres motorizados con sus chalecos de mototaxista, viajaban al lado de la unidad. Cualquiera que ve la coordinación con la cual operan, diría que si esos tipos usaran esa capacidad de planificación para... Pero no tiene sentido ponerse a especular lo que harían con sus vidas si no estuvieran jodiendo la de los demás, porque en efecto eso es lo único que saben hacer y le cogieron el gusto. Por tanto, uno de los tipos que iba en una de las tres motos mostró el artefacto del que se hizo mención, cuyo inocente tamaño no dice nada de su capacidad de destrucción.

(Mi editor odia los paréntesis. Los combate con energía. Pero hay paréntesis necesarios. Como este, por ejemplo, que sirve para preguntarse si ya se habrán iniciado las respectivas investigaciones por la cantidad de hechos delictivos que, a lo largo de los últimos años, han involucrado el uso de granadas en sus enfrentamientos con las autoridades. Es una acotación relevante para la historia que se cuenta, ya que si no fuese porque, en efecto, en no pocas ocasiones los delincuentes no han tenido escrúpulos a la hora de lanzar una granada contra, por decir algo, un módulo policial repleto de uniformados, la gente no diera por descontado que nada les costaría lanzar una granada contra un microbús repleto de personas agotadas que solo quieren llegar a casa).

Como era de esperarse, ninguno de los presentes ofreció resistencia. Y ese ninguno incluyó al campeón que volvía a casa. Pero, cuando los delincuentes se disponían a bajarse de la unidad, Gómez le preguntó a uno de ellos si podían devolverle la cédula. Eso fue todo. Ese fue el error que no estuvo en el calculado camino del campeón hacia una vida mejor, ganada con esfuerzo. No opuso resistencia, pero tampoco quería andar sin cédula por ahí, en un barrio al que vuelve de noche, porque la perspectiva de explicarle su condición de indocumentado a cuatro funcionarios policiales asustados no lucía auspiciosa. Esa decisión de solicitar que le fuese devuelta su cédula, para evitarse problemas, se tropezó con algo que Gómez, en su fatiga física, no tenía previsto: sería tomada como una afrenta. El delincuente no solo le dijo que no, sino que además le exigió que entregara el celular, que no lo vio hacerlo.

Todo el que esgrime un arma para someter a los demás no solo es cobarde por naturaleza, sino que carga a cuestas un enorme complejo. El que somete con un arma se supone tan invisible que no aspira a ser respetado, sino temido. Someter es su forma de existir.

Cuando Gómez les dijo que no cargaba celular, los delincuentes, tipos con enormes inseguridades a cuestas, ofendidos por la serenidad del campeón que volvía a casa luego de un entrenamiento, le dispararon a mansalva.

Cuatro hermanas, tres títulos, dos delincuentes, un campeón cuya historia terminó esa noche de viernes.

Esa misma noche, Yamir Tovar, de 21 años, había enviado un mensaje de texto a su familia diciéndoles que estaba en la parada de jeeps de Pérez Bonalde, y que llegaría pronto a casa. Como Gómez, venía también de luchar por lo que creía, en este caso, en una protesta en la plaza Altamira. Como Gómez, se negaba a dar por descontado que nacer y crecer en el barrio ponía un límite a su idea de porvenir. Como Gómez, tampoco llegó a esa casa a la que llegaba todas las noches a cenar, darse una ducha y acostarse a reponer energías.

Sus ojos no verían el sol del sábado ni de ningún otro día.

El cuerpo de Tovar sería encontrado, junto al de Luis Fabián Arianyi García, en un sector de Los Flores de Catia, amordazado, maniatado y con múltiples heridas de bala. Según algún testimonio, estando en el jeep que lo subiría a Andrés Eloy Blanco, el barrio donde había nacido y crecido, Tovar recibió un extraño mensaje de texto de Arianyi, vecino y compañero de lucha, diciéndole que lo esperara para subir juntos al barrio. O que se devolviera. Lo cierto es que, según esa historia, Tovar tomó la fatal decisión de bajarse del jeep sin saber que, en cuanto pusiese un pie en esa congestionada calle de Pérez Bonalde, estaría sentenciando su destino.

Si alguien le parece que es duro ser opositor en un país con un gobierno totalitario, tendría que ver qué significa ser opositor en un barrio de Caracas gobernado por la impune mano de los grupos parapoliciales que apoyan al gobierno. Allí la expresión «arriesgar la vida por tus ideas» cobra un rotundo, sólido y vertiginoso sentido día tras día.

Hay quien dice que fue entregado a alguno de esos grupos que operan en la zona. Otros señalan que habrían sido retenidos en una sede que estos tienen en la zona, a la vista de todos. También se dice que el mensaje de Arianyi García había sido escrito por sus captores, quienes le quitaron el celular. Las versiones varían en el modo en que llegaron a manos de sus asesinos, pero todas coinciden en que participar en las protestas estudiantiles de Chacao y Altamira fue la sentencia que los llevó a esa madrugada oscura en que los bajaron de un vehículo, esposados y golpeados, y los tiraron sobre la acera en la que culminarían sus vidas. Algo, al parecer, inaceptable para un par de muchachos de un barrio del 23.

Como sea, lo que sí resultó cierto y quedó asentado incluso en distintos medios, es que un funcionario del Ministerio del Interior llegó diligentemente hasta la morgue y anunció que el gobierno cubriría los gastos de velatorio y entierro de ambos muchachos en el cementerio del Este.

En su lucha por una vida digna, debieron conformarse con un entierro decoroso.

Nunca se podrá saber qué sintieron o qué pensaron, tanto Gómez como Tovar y Arianyi en los minutos previos a los que unos tipos armados pusieron el punto final a sus vidas. Si algo tienen en común esas historias, además de haber ocurrido una misma noche, es que se trataba de muchachos que tenían sus formas de luchar por la palabra futuro, pero obviaron que ciertas personas en ciertos sitios no ven con buenos ojos a campeones ni a libertarios.

No preguntemos por las investigaciones ni por las gestiones de la Fiscalía, que hay mucho trabajo en esos despachos como para realizar unos trámites que irán a parar al mismo callejón sin salida en que entraron, sin saberlo, Gómez, Tovar y Arianyi esa desdichada noche de su último viernes en una ciudad en la que las balas parecen ansiosas por encontrarse con la carne.

Era una noche de viernes. Una noche larga para sus familiares, pero que era parte de la aún más larga noche que antecede al siglo XXI, que no termina de despuntar en el horizonte de estas tierras.

Todo tiene solución

A Lennis

Una muchacha debía viajar a Maracay de emergencia una tarde de un día de semana. Un par de horas antes había recibido «una de esas llamadas» que nadie espera. Pero la vida echa a girar la ruleta y, si la flecha se detiene frente a tu número, la cosa adquiere la irrevocable condición de una sentencia.

Esa tarde, cuando le sonó el celular, apenas tuvo ocasión de ponerse en guardia ante la inesperada llamada del tío con el cual no hablaba desde hace años. No receló en vano. Su abuela, esa con la que se había mudado a los dieciséis y con la que acumuló cinco años de angustias, complicidades, problemas, novios insufribles y ensayos de teatro, había muerto sin despedirse, ida como estaba en su vida sin recuerdos ni promesas, allá en el reino del Alzhéimer.

Al dolor de esa muerte sin despedidas se sumaba su angustia de no saber cómo podía tomarlo su madre, que también tenía quebrantos de salud. Por tanto, con tiempo apenas de meter en un bolso una muda de ropa y el cepillo dental, se lanzó al terminal de La Bandera para ir al encuentro de su tragedia familiar.

La vida es un vendedor ladino que te deja en la puerta una alegría que no le pediste, y un día desliza por debajo la factura.

Eran un poco más de las cinco de la tarde cuando llegó al terminal. Durante el camino repitió una y otra vez, sin poder evitarlo, esa película que arma nuestra cabeza cuando caemos en cuenta de que un capítulo de nuestras vidas se acaba de cerrar para siempre.

«Nunca más» es de esas expresiones que no se pueden ventilar a la ligera. Y ese «nunca más» que se hacía en la película de su cabeza incluía discusiones por llegadas tarde, y guarapo a las cinco, y la abuela reprochándole un novio que no le gustaba mientras le cosía un vestuario para una función de teatro, y alegrías y rabias que perderían sentido diluidas en ese inmenso mar que es la vida cotidiana junto a seres entrañables. Y, ya al final de esa historia, la muchacha visitándola, viéndola sentada en una silla, encogida, ausente, preguntándole por su nombre con la actitud del que pregunta con avidez pero que no va a hacer nada con la respuesta que reciba.

La muchacha subía por la rampa de La Bandera oyendo sin escuchar gritos que nombraban sitios y cifras que carecían de sentido. Pocas cosas tienen sentido cuando «Nunca más» se abre paso entre objetos cotidianos.

Aislada por una capa hecha de la pena por la abuela y la preocupación por la mamá, despertó bruscamente cuando bajó al andén. Tardó en entender que esa masa uniforme de colores y ruidos, vista desde cerca, eran las filas de personas que esperaban abordar buses a distintas ciudades del centro del país. Se apretaban tanto unas a otras que era difícil inferir la dirección que tenía cada una.

Ese estado anímico en el que se encontraba no era el propicio para pensar con rapidez y claridad. Por eso se abrió paso en automático para colocarse en su resignado último lugar de la fila hacia Maracay, cuando cayó en cuenta no solo de que no sabría determinar dónde terminaba la cola que le correspondía, sino algo más perentorio aún: ¿a qué hora iba a llegar a su destino, sola, en una ciudad que baja la reja y apaga la luz, casi literalmente, apenas se hacen las 7 de la noche?

El dinero es una energía extraña que, si tocara ilustrarla con un símil, sería el del globo inflado sin anudar, sostenido solo con la presión de los dedos. Basta aligerar la presión para que comience a desinflarse. Y cuando las ganas de luchar están en cero, es difícil lidiar con una economía en la que todo el mundo sobrevive de hacerse de un tajo del que se descuida.

A esa dinámica se enfrenta alguien que quiera salir de Caracas en transporte público a esa hora. Un reloj de arena apremia a tomar decisiones con lucidez mental. Mientras más pasa el tiempo más gente va llegando, sin saber, como el amor pero infinitamente más odioso, si ese bus que está arribando al andén podría ser el último de la jornada. En tanto esa es la situación adentro, los alrededores son un campo fértil para una lucrativa oportunidad de negocios: los carros «particulares» que se dedican a ofrecer sus servicios «vi-ai-pi», cuya tarifa «por puesto» avanza en tanto lo hace la noche.

En medio de su estupor, la muchacha logró sacar un pensamiento en claro. En las circunstancias más favorables, no embarcaría antes de tres autobuses (unas dos horas, en promedio). Y eso si no ocurría que, así hubiese gente en la cola, las líneas dejaran de prestar el servicio hasta el día siguiente.

Pero en eso de hacerse de un dinero extra a costa de la estrepitosa caída de la calidad de vida del prójimo, el hombre no tiene límites. No hay que tener un vehículo propio para ganarse un dinero extra aprovechando la precariedad de servicio que se presta en el terminal. De tal forma que, mientras la muchacha evaluaba sus opciones, parada en medio de las colas como un niño perdido en el Sambil un sábado en la tarde, se le acercó una señora con cara de comprender su dilema.

La señora le preguntó si viajaba a Maracay. La muchacha, con desconsuelo, le dijo que sí, añadiendo que necesitaba llegar con urgencia esa noche, pero no sabía si iba a poder hacerlo. La señora hizo lo que alguien que se siente solo en medio del mundo necesita: se mostró interesada en su situación, lo cual provocó que aquella, aliviada, desahogara un poco la tensión que cargaba a cuestas, animándose a confiarle la terrible situación por la que atravesaba. La señora, con piadoso gesto, le dijo amablemente que ella podía ayudarla. Y con esa misma cara de comprensión le anunció que podía venderle su puesto en la cola, que embarcaba seguro en el próximo bus.

La tarifa multiplicaba por tres el costo del pasaje. «Todo tiene solución», parecía decir la bondadosa mirada de la señora mientras esperaba la respuesta, no sin dejar de otear el horizonte en previsión de una víctima más desesperada.

Cadena alimenticia

No medía más de 1.65 y difícilmente superaba los setenta kilos. Podría decirse que, en general, pasaba desapercibido. O casi. Y el acento de ese «casi» lo proporcionaba el contorno: un caballo metálico de 650 cc, a su lado como fiel caballo, ostentando esos atributos de virilidad de los que carecía el jinete. Eso, claro, y el kit del pequeño poder: guantes de cuero, lentes oscuros, transmisor a un costado y, muy cerca del pecho, un koala ligeramente abierto, asomando sin terminar de mostrar el enigma que le autorizaba a exhibir esa altanería en las maneras.

De esas cosas que la gente intuye pero que nadie quiere conocer con certeza.

Estaba ahí, entre dos canales de la avenida Libertador, en una calle de Chacao, dirigiendo el tráfico. Así, dirigiendo el tráfico sin otra evidencia de estar autorizado para ello que la actitud y el enigma. Y era tan persuasivo el kit, o el enigma, o las maneras, o la mezcla de todo eso junto, que los conductores obedecían con mansedumbre. No se veían esas viejas altaneras: doña «Placa» y misia «Chapa», pero todo el mundo las sentía en el ambiente.

Después de todo, nadie que anda de paso se iba a detener a verificar cuánto de truco y de impostura había en esa puesta en escena. El venezolano se acostumbró a seguir de largo, lo más lejos que puede y cuanto antes, cuando se tropieza con cualquier posibilidad de complicarse la vida.

En todo caso, los conductores hubiesen agradecido esa «espontánea» contribución a aligerar el caos vehicular de esa esquina, de no ser porque a unos diez metros, sobre la isla, un polichacao tenía su buen par de horas llevando humo y sol, haciendo exactamente lo mismo.

¿Duplicidad en el esfuerzo? ¿Atribuciones difusas?

El polichacao se mantenía ahí, pese al inesperado relevo, quizás por aquello de la horizontalidad en el rango. O quizá razonando como lo hacen los católicos ante el dilema del derecho o no a arrebatarse la vida: solo el que lo puso ahí lo podía quitar.

En eso estuvieron cerca de 15 minutos, no muy sincronizados en sus decisiones sobre quién pasa o quién se detiene, por cierto, hasta que el polichacao avistó, en la acera opuesta al hombre de negro, a un par de compañeros que se dirigían a algún sitio sin demasiada prisa. Aprovechando la luz roja fue al encuentro de aliados con los cuales descargar el desconcierto, el fastidio, la rabia... Dependiendo de cómo sea que ve su trabajo. Ellos habían estado viendo la situación, por lo que no hubo necesidad de ponerlos al tanto. En cuanto estuvieron frente a frente, comenzó la conferencia, sin preámbulos. Tras breves palabras, estuvieron de acuerdo en que «mientras no se ponga payaso, todo bien».

La vergüenza tiene las más insólitas formas de manifestarse.

Los polichacaos se quedaron conversando un rato en la esquina donde se encontraron, como restando importancia al incidente, pero alertas desde sus lentes oscuros y su ausencia de exactitudes acerca de a quién tenían el gusto de estar conociendo. O dicho con más precisión: a qué organismo de seguridad se le debía la intempestiva colaboración.

Y, como la mayoría de los misterios de la vida, la espera

llegó a su fin sin modificar su naturaleza críptica. Y lo hizo con la llegada de una camioneta que pasó por esa esquina a toda velocidad, corporizando la razón por la cual el hombre de negro había estado aligerando el tráfico. *¿Quién iba dentro? ¿Qué llevaba? ¿Cuál era su prisa? ¿Cuál su autoridad? ¿A qué organismo pertenecía?* Son preguntas que nadie parece tener el derecho de hacerse cuando el poder se abre paso a toda velocidad por una calle de Caracas. Solo quedó, resonando en la mente del que presenció el asunto, y no en vano, la expresión «dirigiendo el tráfico», con todas las posibilidades semánticas rondándole como una sospecha.

(Después de todo no era la situación más rara que se puede ver por las calles de Caracas. Días antes, entre la Casanova y el bulevar de Sabana Grande daba vueltas, como zamuro hostigado por el hambre, una moto cuyo conductor tenía una máscara y el parrillero lentes oscuros y gorra. En serio, una máscara que le cubría el rostro. Perfectos para el retrato hablado, pues. Y pasaron frente a un par de policías que volvieron su rostro oportunamente en otra dirección, con una sincronía que ya quisiera tener el amor).

Y, dejando a ese posible espectador solo en sus disquisiciones, una vez pasado el vehículo para el cual no hay colas ni atascos mientras rueda por las calles de Caracas, el tipo duro en formato pluma se montó en su moto y salió, de escena y de la cabeza de los polichacaos, quienes se quedaron con su esquina y con su caos, sintiéndose el final de una imprecisa cadena alimenticia.

El mismo fuego

«But to get there he will need a helping hand
It's where he is now but it wasn't what he planned.»
DAMON ALBARN

D. ERA UNA NIÑA TRANQUILA. Aunque melancólica y apacible, tenía un fuego secreto. Quería de la vida otra cosa que no estaba a la vista, por lo que tendría que ir en su búsqueda para ver su forma. Por eso, sin tiempo que perder, a los 18 años decidió mudarse sola. Un día llegó a casa, tomó sus cosas y las metió en un taxi que la estaba esperando.

Ese incomprendido gesto marcó el inicio del necesario proceso de desobedecer para ser. Y cambió la carrera que estaba estudiando, en la que iba bien pero no la hacía feliz. Estaba en una época de cambios. Pero cuando uno cree que está tomando decisiones sobre su destino, llega la vida y te echa un cuentico.

El cuentico era un bebé. Y a pesar de esa nueva circunstancia, o quizá a propósito de ella, aceleró sus planes. Estaba apurada por encontrarse con una vida que construyera ella misma, con cada decisión tomada. De hecho, días antes de la cesárea estaba estudiando para unos exámenes. Estaba apurada por encontrarse con ese *algo* que estaba más allá. Lo importante era no parar. Vivía como en un turno que nunca cesaba y que siempre tenía cosas pendientes.

Y aquí entra en escena el cuentico. Era uno que contaba la

llegada de una compañera. Sin saber que quiere decir «la que lleva un mensaje», le puso por nombre Ángela. En los planes de D. había unos días de reposo, luego del parto, para volver a la pista. Pero Ángela, como ya se dijo, traía un mensaje: calma con constancia en lugar de prisas sin brújula. Que el fuego, cuando es genuino, ni se aviva con la prisa ni se apaga con la calma, se leía entre líneas.

Todos los chamos nacen con sus peculiaridades. Ella, además de chiquitica, sudaba copiosamente y no parecía ganar peso en tanto crecía. D. la llevó entonces a su control de niño sano con esas anotaciones. La primera explicación hablaba de un soplo en el corazón. La remitieron a un cardiólogo, quien determinó dos cardiopatías congénitas: CIV y CIA, siglas que corresponden a Comunicación Interventricular y Comunicación Interauricular. Esto quiere decir, en lenguaje corriente, que nació con dos agujeros en distintas partes del corazón.

Ni más ni menos: nació con el corazón roto.

Lo que hace a la vida complicada es que sucede en tiempo real, obligándonos a tomar decisiones sin demasiado tiempo para pensarlas. En esas mismas circunstancias, los médicos deben tomar decisiones sobre la vida de los demás. Atendiendo a informes y a intuiciones, sí, pero irremisibles.

Y, en efecto, la decisión que tomaron los médicos con Ángela, que ya tenía tres meses, fue prescribirle un tratamiento para que se le cerraran los agujeros.

Pasaba el tiempo y el tratamiento no parecía mejorar las cosas. La refirieron al Cardiológico Infantil para hacerle más exámenes. Hablamos de un cuerpo frágil y de un proceso burocrático lento. Un cuerpo frágil con un corazón, literalmente, roto. Y un corazón roto tarda poco en contagiar al resto del organismo. A los 8 meses se le presentó una infección gastrointestinal. Otra cardióloga la ve y sentencia lo que debió verse en un principio: lo de Ángela no es de tratamiento sino de operación. Y ya no se trataba de dos sino de tres cardiopatías. A lo ya conocido se le sumaba otra sigla: PCA, Persistencia del Conducto Arterial.

Al fin lograron ingresarla en el Cardiológico. Allí la mantienen recluida durante doce días, entre la esperanza y la angustia de D. El frío del lugar le produjo a Ángela un cuadro viral. Así no podían operarla, como lo saben todas las madres que pasan meses en ese sitio esperando por la intervención que salvará la vida de sus hijos. Le indicaron, entonces, que se la llevase a casa un par de semanas y que volviese en cuanto mejorara. Lo hace, obedientemente, y al regresar se entera de que el médico que la envió a casa no dejó una orden para que ingresara de nuevo.

Respirando hondo D. se fue a casa con su hija a reiniciar el largo proceso para el ingreso. El tiempo seguía pasando, y con él las posibilidades menguaban. Debía haber sido operada estando chiquita. A mayor tiempo, mayor riesgo.

D., que en una época estuvo apurada por volver al ruedo, suspendió estudios y trabajo para dedicarse a una tarea que exigía tiempo completo: poner a su compañera, que pendía entre un acá y un allá, de forma definitiva en este lado del mundo.

Saturación de oxígeno es la medida de la cantidad de oxígeno disponible en el torrente sanguíneo. Una persona sana tiene una saturación de entre 95 % y 100 %. La de Ángela estaba entre 80 y 85. En teoría, no podría moverse. Sus niveles de oxígeno en la sangre eran muy bajos y eso influye en el agotamiento físico. Un médico que, sin verla, revisó el informe de su caso, dio por descontado que, dado su cuadro, no se movía. «¿Verdad?». Pero, además de los hermosos ojos, grandes y oscuros, Ángela había heredado el fuego. Con cinco kilos y medio, y once meses de nacida, se deslizaba por toda la casa, jadeando, respirando con pesadez, pero incapaz de quedarse quieta. Todo le cansaba pero nada la detenía. De hecho, ya intentaba trepar por las patas de las sillas, con intención de caminar.

«*Never surrender*», parecía ser su lema.

Finalmente, la ingresaron nuevamente en el Cardiológico. Ya tenía un año. Le hacen cateterismo y determinan que desarrolló una prematura hipertensión pulmonar severa. El cuadro no pintaba bien. Su batalla por la vida parecía harto desventajosa. Como último recurso, la llevan a otro médico. Este, de enorme experiencia en casos similares, revisa el suyo y se entusiasma con la idea de un cateterismo correctivo. Luce tan seguro que cuando la intervención no logra tapar los agujeros del corazón de Ángela, todos los familiares se derrumbaron. Todos, menos D. Había escuchado el mensaje que le cambió la prisa por temple.

El tiempo ya se encontraba en su límite. Tenía un año y nueve meses. Seguía delgadita. Pequeña para su edad. E inquieta. Tanto, que ya caminaba.

Hacen nuevas consultas. Allí le diagnostican que la única opción posible es un trasplante cardiopulmonar. Sin embargo continúa el control en el Cardiológico. Tratándose de niños pequeños, la opción de trasplante pone sobre la mesa un terrible dilema para el corazón de una madre: desearlo es desear, de carambola, que otra familia sufra el terrible desenlace que ella teme para su hija. Renunciar a él es renunciar a seguir luchando.

D. mantiene suspendida toda decisión acerca de anotarse en lista de espera para un trasplante. De pronto, la luz que necesitaba en medio de la turbulencia que no le dejaba un instante de respiro llegó en la voz de un nuevo cardiólogo. Este le dijo algo que ella ya sabía: es un caso muy difícil. Pero le dijo también algo que le ofreció una nueva forma de entender su vida.

Que renuncie a operarla, que era muy riesgoso.

«¿Y qué hacer entonces?», preguntó D.

«Esperar», fue la serena respuesta del médico.

Acostumbrada a médicos que aventuraban cifras si no la operaba, D. quiso saber, de aceptar el pacto, de cuánto tiempo estaban hablando.

¿Cinco meses? ¿Cinco años? ¿Se desarrollará? ¿Llegará a adulta?

El médico se negó a darle estimado, pero le regaló, a cambio, un consejo de oro: Disfrútala. Vive a plenitud cada momento que pasan juntas. Trátala como una niña normal. Que sea la compañera que vino a ser en tu vida.

Hitchcock decía que el drama es una vida de la que se han eliminado los momentos aburridos. Y, en efecto, si algo no ha tenido la vida de Ángela es momentos aburridos. Ya tiene un año que no va al Cardiológico. Y ya suma casi cuatro de una vida llena de asombros. La llevan a su consulta, claro, pero sin ansiedades. Sigue creciendo, a su ritmo, pero sin detenerse. Va a la guardería. Este año la inscribieron en un plan vacacional. Cada día aprende cosas nuevas. Como D., que renunció a la vida que se había trazado para dedicarse a aprender a vivir.

Había perdido el empleo en el que se cansaron de darle permisos. Un día, por rebuscarse, comenzó a hacer dulces. A la gente le gustaban. Y siguió haciéndolos como una manera de calmar su ansiedad y, también, de mover la caja. Estaba atrapada en una vida que no pidió. Como todos, pero ella se había dado cuenta. Y siguió haciendo dulces: ponquecitos, *pie* de limón, tortas de navidad, *mousse*, tres leches, helados artesanales... Como Ángela, cada día aprendía algo nuevo. Y un día se puso a estudiar eso. Y consiguió trabajo en un restaurant. Y ahí trabajó duro. Y el sitio un día cerró y ella ahora tiene su negocio por su cuenta.

No se da abasto para atender los pedidos.

Y encontró de nuevo esa vieja llama. Esa que no se aviva con la prisa ni se apaga con la calma. Los ojos le brillan de nuevo. Y descubrió que la vida exige altos en el camino que no significan claudicar. Se siente tan distinta a la chica que metió sus cosas en un taxi cuando se fue de casa. Y sabe que, como la de todo el mundo, su felicidad será hasta que dure. Por eso mismo no se da el lujo de desperdiciar ni un solo día.

Hay gente que piensa que se le deben ciertos privilegios por haber sufrido. Como en el clásico viaje del héroe, D. entendió que tuvo que viajar hacia adentro para poder conocer el camino que debía buscar hacia afuera. Ángela, como toda fuerza natural que desconoce la autocompasión, no dispone de energías como para gastarlas inútilmente y las invierte en vivir. Sin saberlo, son de los que entienden la vida sin que haya que explicársela tanto.

Cine de autor

«¿Y moriré sin dejar ni un arañazo
en la corteza terrestre?»
SERGUÉI DOVLÁTOV

CUANDO A UN NIÑO LE PREGUNTAN qué va a ser cuando sea grande, responde con el oficio que, por la razón que sea, ha idealizado durante su infancia. Causa ternura verlos nombrar una profesión con la soltura de quien supone que, llegado el momento, meterá la mano en un cajón y sacará un rótulo con el nombre que está buscando, y a eso se dedicará en adelante. Como algo dado por hecho.

Temprano descubrimos que no son piedras las que pavimentan el camino que nos separa de esas pueriles ensoñaciones, sino lajas agudas clavadas de canto. Y ni siquiera porque guardemos esos propósitos en secreto estamos a salvo de quienes gustan poner a prueba el tamaño de nuestro compromiso.

Era el caso de Fernando. El rótulo que aspiraba sacar del cajón decía «artista», pero prefería mantenerlo en secreto. Para no provocar a un destino que disfruta de llevarnos la contraria, y para no activar el primer mecanismo del que dispondría ese destino para sabotear su sueño: los padres.

Era el hijo menor de una familia venida del interior del país, cuyo pragmático ADN poseía como supremo mandato huir de la pobreza. Ser sensible, reflexivo o melancólico eran lujos que

97

escapaban de los diseños de sus vidas. Los hermanos mayores, de hecho, habían atendido al llamado con sensatez: ingeniero, contador, técnico en aduanas, administrador eran los rótulos que habían llevado a la casa de sus orgullosos padres... No se esperaba menos de él. Por tanto, guardó su anhelo en secreto, en espera del momento de poder enrumbar su barco hacia esas costas.

Mientras, aprendió a pasar agachado. En el colegio, mientras sus compañeritos drenaban sus energías físicas tras una pelota en la hora del recreo, él llenaba hojas y hojas con dibujos de animales. De liceísta se reunía, al final de las clases, a leer libros con un reducido grupo de amigos. Para él era una forma de alimentar su romance sin delatarse mucho ante los padres. Para aquellos, sobre todo para su severo padre, mientras escogiera un oficio sensato llegado el momento, el asunto no pasaba de ser un pasatiempo inocuo.

Y el momento se fue acercando, como si estuviera pegado a los días. Cada vez se le hacía más difícil mantener su romance en secreto, pero aún no se atrevía a contrariar el mandato del clan. Puesto a escoger, lo más que logró fue que aceptaran Diseño Gráfico como una carrera seria. Y un poco a regañadientes. Era una decisión bajo vigilancia. En cuarentena.

En la Academia, Fernando se hizo amigo de una chica que era lo más cercano que había estado en su vida de lo que, él suponía, era un artista. Era una de estas intensas de andar gatuno y hablar con ojos entrecerrados que miran al cielo, como si allá estuviese su mundo. De las que se baten la melena con la mano para denotar confusión. Se enamoró inmediatamente de ella. Todos sus gestos le parecían los de una artista. Venía de un hogar tan clase media apurada como el suyo. Quizá más. Un hogar donde tampoco le aplaudirían «su gusto por la vagancia», como contaba ella que le decía el papá. Pero tenía toda la energía, la furia y, lo más seductor, el sentido de libertad del que él carecía. Para él, todo en ella era arte.

Hasta su nombre: Perla.

Pero, vamos, que un adolescente sea intenso y rebelde es como que nunca llegue a casa a la hora que se le dice. No es algo que vaya a salir en los diarios. Además, visto con ojos más acostumbrados a la luz, se trataba de una casi veinteañera llena de pretensión y ensoñaciones que no terminaban de coger forma. Pero Fernando no podía saberlo. En su mundo se obedecía a los padres y se comía la sopa. Así era y así sería hasta el fin de los tiempos. Ella, en cambio, era rebelde y libre. Una artista, pues.

No cualquier artista. Ella era una artista intensa. Y para serlo tenía que tener un círculo de amigos en cuyo catálogo no podían faltar los impresentables. Artista adolescente que se precie tiene amigos que sus padres no aprobarían. Era, por supuesto, el caso de nuestra intensa Perla.

Ese amigo impresentable ya estaba en edad de hacer algo un poco más concreto que estar «en una búsqueda». Tenía más de treinta. Era alto y delgado. La ropa siempre parecía a punto de caérsele, porque le quedaba grande o porque ya no podía con el sucio. Le decían Murachi. No trabajaba ni estudiaba y rendía abierto culto a la *sweet mary jane*. Se decía que había aparecido de extra en alguna película. Hacía danza. Hacía fotografía. Hacía *performance*. Hacía títeres. También hacía tiempo que había abandonado los estudios. Eso alimentaba las necesidades de *real shit* de los quinceañeros que pululaban por los lados del Ateneo, en busca de intensidades y de algo de droga. Era parte integral de la fauna cuyo hábitat iba desde el Ateneo hasta más allá de la Cinemateca. De esos que los viernes de noche daban vueltas por el Café Rajatabla para ver a quién le sacaban una cerveza.

Era el Maldito, el necesario amigo de toda Intensa que se precie.

Ella le contaba a Fernando de su amigo y él se sentía tan lejos de ser interesante a los ojos de ella. Él solo era el amiguito con quien ella se divertía pervirtiendo. Pero, como todo enamorado, no perdía las esperanzas. Mientras estudiaba consiguió empleo en una empresa de edición de videos. Trabajando allí ahorró todo cuanto pudo, durante todo un año, y cometió una temeridad de la que no se hubiera creído capaz: se compró una flamante y costosa *handycam*. Al día siguiente, se lo contó a Perla. Con ese aire que había aprendido a imitar de ella. Viendo al cielo, le dijo que iba a empezar a hacer cine. Que había comprado una cámara para comenzar. Que tenía un cuaderno lleno de ideas.

El asunto fue mágico. Por primera vez en su vida él vio que la mirada de ella se posaba sobre él con ese brillo tan sensual que dedicaba a otras cosas. «Bingo», le dijo su corazón.

Él, que sentía que su vida era asquerosamente convencional, que contrarrestaba su normalidad brindando las cervezas, se había convertido brevemente en un objeto del deseo de su artista intensa. Era una ocasión en un millón. El paso cuántico para no dejar pasar esa oportunidad fue invitarla a «hacer cosas juntos».

Perla, por supuesto, le dijo que claro, que ella también tenía ideas. Y, de inmediato, le dijo que su amigo Murachi había actuado en cine. Que sería genial contar con su experiencia. Y a pesar de esa cosa agria que le bajó por la garganta, Fernando no pudo sino decirle que, claro, genial.

«Maravi-fuckyou», siguió hablando una voz dentro de sí.

Entonces Murachi entró en el «proyecto», el cual se limitaba a dos muchachos y un gandul con una sensacional cámara *amateur* que ninguno de los otros dos se iba a poder comprar. Y Murachi no llegó solo. Llegó con la autoridad de haber tenido un par de planos como «Montonero 3» en una película de Lamata. Y no conforme con eso, llegó también con una idea. Para no verse arrebatado de todo, Fernando la escuchó en silencio, para luego decir que él también tenía una idea. Fue entonces cuando Perla, batiendo su melena de esa forma que le resultaba tan irresistible a Fernando, sugirió zanjar la discusión sometiéndolo a votación. De esta manera decidieron por mayoría grabar en San Agustín un proyecto que Murachi tenía en mente. Era algo sin pies ni cabeza sobre unos hampones en el barrio.

¿A San Agustín?, preguntó Fernando viendo de reojo su cámara nueva. Sí, para allá no se mete cualquiera, pero no en vano el apellido de Murachi era Maldito, y si él decía que con él estarían seguros, había que creerlo. De hecho, para garantizar la seguridad del equipo, él cargaría la cámara consigo. «Yo soy loco, *brother*», subrayó como un argumento adicional que podía tener múltiples lecturas.

Pero, en fin, grabemos. «Nada que valga la pena ofrece seguridad», dijo, ganándose la sonrisa y la mirada brillante de Perla, quien alzó su cerveza para brindar por el proyecto.

El sábado siguiente Perla y Fernando se encontraron en Parque Central bien temprano. Fernando agradeció poder estar un rato a solas con ella. Desayunaron mientras esperaban a Murachi. Cuando este llegó, se pusieron en camino con un difuso plan de rodaje.

Habrían pasado unos cuarenta minutos haciendo tomas entre escaleras y callejones cuando, de uno particularmente solitario, salió a relucir un pistolón delante de un flaquito que parecía menos pesado que el instrumento en sus manos.

Aún no era mediodía.

Se asustaron, claro. Fernando se quedó paralizado escuchando los latidos de su corazón, hasta el momento en que Murachi dio la enérgica orden: «Corran». Por supuesto, los tres corrieron en desbandada. Es decir, cada quien para donde pudo. En esa época no había celulares. Fernando corrió sin parar hasta la avenida Lecuna, por la parte de atrás de Parque Central. Luego de pasado el miedo, pensó en la cámara.

Luego se censuró y pensó, en ese orden, en la integridad de los amigos y en su cámara nueva que le había costado todos sus ahorros. Menos mal que la cargaba Murachi, se dijo para darse ánimos. Si la hubiera cargado él se la habrían quitado sin mayores trámites. Pero Murachi, que era un tipo duro, pensó con agilidad y ordenó la retirada, salvando el pellejo y el equipo, completó.

Caminó hasta los alrededores del barrio sin atreverse a volver a subir. Veía tanta gente haciendo su vida cotidiana que no parecía posible que acabaran de pasar un susto. En una de esas vueltas, se encontró a Perla. Estaba pálida. Despojada de su clásico estilo sobrado y lánguido. Él le preguntó si estaba bien y si sabía de Murachi. Ella le dijo que sí y que no. Que los había perdido de vista a ambos. Caminaron y esperaron, queriendo saber de él, hasta que se hizo de noche. Estaban preocupados por su integridad. Pero no había manera de volver. No eran de por ahí. Murachi era el salvoconducto y eso no los salvó de mucho. Fernando se sintió terriblemente mal. Había estado pensando en su cámara sin saber si un amigo había corrido peligro por salvarla. Debieron entregarla.

De pronto lo vieron venir. Caminando con un aura de peligro y rareza en torno que Fernando no supo llevar a palabras. Cuando no vio la cámara en su mano aparecieron, pero fueron tan confusas que se negó a leerlas. Por no dejar, le preguntó.

«Me la quitaron», fue la respuesta.

«Pero, ¿cómo?, si todos corrimos», preguntó él con ganas de llorar.

«Sí, pero me persiguió y me dio alcance. Se la tuve que entregar», respondió el otro.

Fernando sintió un frío que no dejó rincón sin visitar. Un frío que helaba la mano pequeña que hurgaba en un cajón. Súbitamente le entraron ganas de estar lejos de ahí. «Estoy cansado», dijo dándoles la espalda, y se fue rumbo al Metro.

Luego de una semana de faltar a clases, se retiró de la escuela de Diseño Gráfico. Y, sin tener una razón que darse a sí mismo, dejó de responderle las llamadas a Perla. De hecho, ocurrió algo que le hubiese resultado increíble: dejó de verla hermosa. Con el tiempo devolvió el rótulo al cajón sin permitirse comentarios. Ya se dijo: es un camino con lajas agudas clavadas de canto. Se inscribió en Comunicación Social.

De ella, a veces, sabe por Facebook. Un par de años atrás lo ubicó y lo agregó, aunque no hablaron, más allá del saludo de cortesía. Por sus fotos sabe que ha hecho una obra de teatro aquí o un pequeño trabajo allá. Murachi sigue de todero. Al parecer, salió en otra película. Un par de cuadros, pero esta vez con nombre.

Luego de pasar por varios empleos, Fernando tiene como cinco años en el Departamento de Comunicaciones Corporativas de un laboratorio. Cada tantos domingos va a ver una película. Odia con toda su alma el cine de autor.

Lo más delgado

La vida a veces es un ejercicio actoral de improvisación que no se detiene porque nos apetezca. Un mal sueño del que no despertamos ni que nos sacudan. Un error que no tiene botón *undo*. Lástima que nadie piensa en eso cuando va por ahí, cazando oportunidades, por decir algo.

Como le ocurrió al entusiasta protagonista de esta historia. Entusiasta al principio, por cierto. Inconsciente, quizá le venga mejor. O hasta torpe. Suicida, no sería exagerado. Sea cual sea el adjetivo, lo que sí resulta unánime es que no se trata de un tipo muy calculador.

La escena transcurre en la esquina de una zona muy activa de Caracas. Un huracán perpetuo de voces, olores y texturas. De pronto, en medio del barullo del que sería imposible rescatar una sola palabra con sentido, se escucha un claro «¡Agárrenlo!». Esa orden se clavó como un dardo en el cerebro límbico de todos los presentes, halando su atención de forma unánime. El caos, de inmediato, adquirió orden, como sincronizándose con un control central.

Nadie sabía qué estaba ocurriendo, pero todo el mundo miró hacia donde tenía que mirar. Todos se sincronizaron con la Matrix, y dejaron de hacer lo que estaban haciendo, para moverse en pos del objetivo común.

El viejo llamado de la especie que activa el impulso de la cacería.

En la vida, podría decirse, de cuando en cuando nos toca ser liebres en fiestas de zorros. Nada explicaría mejor el rol de nuestro protagonista. Y todo hay que decirlo: asumir ese rol sin sentirse solo exige tener personalidad. O desespero. O estupidez. Aunque quizá el asunto esté en los genes. Lo cierto es que, a diferencia de él, que improvisaba a cada segundo, los zorros, las decenas de zorros, parecían saber qué les tocaba hacer a cada momento. Los que persiguen, los que se apartan para ayudar a los que persiguen, los que obstruyen al perseguido, todos parecen ejecutar la coreografía de una película de acción.

Una película con un retorcido sentido del humor.

Incluso algunos motorizados, naturales zorros solitarios en reuniones de gallinas, se sumaron al objetivo común. Todos iban tras la presa, improvisando aparejos de cacería. Los motorizados, por supuesto, usaban sus cascos, bamboleándolos como lanzaderas para desperezar los músculos.

Los que no formaban parte de la persecución lo hacían, a su manera, dirigiendo los pasos de los que perseguían, convirtiéndose en sus ojos y en su combustible, llenando el ambiente de palabras que insuflaban el espíritu de justa ira, animando a quienes se sentían, por alguna vez en su vida, protagonistas de una película.

La masa logró aturdir a la presa que vio obstruido el camino de huida hacia arriba. Hay que leer con mesura esa vieja conseja de darle al cuerpo lo que pida, porque el cuerpo asustado no parece ser muy inteligente, ya que el suyo, al decidir volver sobre sus pasos hacia la calle de donde vino, se sentenció a repasar, más que sus pasos, todos los huesos de su cuerpo con pasmosa precisión.

Cuando se dio cuenta de lo que acababa de hacer, las piernas se le volvieron torpes. Lo suficiente para no ver a la mujer, de unos 30 años, que le metió el pie y, una vez en el piso, lo agarró por la camisa para evitar que huyera gateando, con la suficiente fuerza para que no se zafara antes de ser alcanzado por los ejecutores del juicio popular.

Como en los viejos boleros, una mujer fue su perdición.

De inmediato llegó la avalancha de patadas, cascos, golpes y manos que, de manera concertada en medio del aparente caos, se turnaban para rebotar con violencia sobre su cuerpo. Visto desde afuera parecía un imán convulsionándose ante la lluvia de metales que atraía hacia sí.

La turba no había saciado sus ansias de venganza cuando aparecieron dos guardias nacionales, pistola en mano, abriéndose paso a empujones entre la multitud que aún aspiraba a ofrecer su cuota de justicia. Llegaron, por supuesto, demostrando autoridad. Asestando patadas a la presa para sacarlo, a rastras, de la escena. Vale acotar que los guardias, como los héroes de película, gustan complacer a las mayorías. Vale acotar, también, que solo así, demostrando que no le va a ir mejor en sus manos, podían arrebatar la presa a la jauría.

Como pudo, la víctima logró ponerse de pie en el camino, para evitar ser llevado como un saco, al alcance de las patadas de los que aún tenían gasolina para repartir. Rojo, roto, con pésima sincronía, no lograba despertarse de ese mal sueño ni con todo lo que lo sacudieron[1].

Un paneo de la multitud que los veía alejarse recordaba esas películas donde el pueblo se arma con lo que encuentra a mano para hacer frente al peligro. Una invasión zombi, por

---

[1] Tuvo suerte. Según un informe de la Fiscalía General de la República, solo en el primer cuatrimestre de 2016 se registraron 74 linchamientos de presuntos delincuentes, 37 de los cuales terminaron en la muerte del ajusticiado. Casi a razón de 10 asesinatos por mes a causa de la llamada «justicia por mano propia».

ejemplo. Un motorizado con su casco, un niño con una piedra, un viejo con un palo, un hombre con un cable, todos sonreían, con una mezcla de satisfacción y deleite, felices de haber podido aflojar un poco esa cuerda que cada día les aprieta el cuello más y más, hecha por el abuso de las autoridades, el costo de la vida, la escasez, la inseguridad y la violencia cotidiana. En la composición todos veían al horizonte, satisfechos, mientras en sus cabezas parecía sonar algún himno que evocaba el sentido del deber cumplido.

¿Qué hizo?, preguntó uno que había llegado tarde y quiso saber la fechoría cometida por ese representante del mal caído en desgracia.

Le arrebató el teléfono a un hombre en la parada, comentó radiante uno de los que había hecho de testigo, fiscal, juez y verdugo al mismo tiempo.

Una estupidez que no tenía botón *undo*.

Ese que llegó cuando los hechos ya se habían desarrollado y no tuvo ocasión de contagiarse del entusiasmo de la poblada repasaría la escena, ahora sin persecución. Vería esa calle sucia, esas aceras rotas, ese rayado sin pintar, ese desagüe al que no le hacen mantenimiento desde hace años, y podría preguntarse por el destino de los fondos para que eso fuera una calle y no ese paisaje ruin que es, y podría pensar que hay cosas que no se pueden expresar sino con lugares comunes.

Como ese que advierte que la cuerda siempre revienta por lo más delgado.

Cambiar de aires

HAY QUIEN LE TIENE TANTO MIEDO al dolor que, tratando de huirle, se zambulle de lleno en él sin darse cuenta. Como el muchacho que prefiere repetir una materia antes que enfrentar un examen para el que no se preparó.

Eso precisamente fue lo que hizo Raquel, una liceísta que vive con su hermano menor, su mamá y el marido de esta, en un hogar clase media del sureste de Caracas. Una mañana de sábado, aprovechando que desayunaba sola con su mamá, le informó que le había tomado la palabra a la tía Úrsula, que la había invitado a pasarse unos meses en su casa, en Buenos Aires, por lo que se comunicó con ella y estaba a la espera del pasaje.

Indira, mamá de Raquel y hermana de Úrsula, es una mujer que podría definirse como de mente abierta y actitud relajada. En eso de educar suele apostar por la cuerda larga. Claro, también está el hecho de que todavía se siente joven y su marido, más joven aún, la contagia de ganas de sentirse así. Por ello es útil que los hijos sean todo lo independientes que les resulte posible.

Eso no impidió que le preguntara:

«¿Y por qué no esperas terminar el año y te vas graduada?».

La hija le confesó que no soportaba al grupo de su promoción, que nunca lo había soportado y que, en este país un título de bachillerato sirve tanto como soñar con el resultado de ayer en la lotería. Luego agregó, aunque esto último sonaba a ruego y no a información, que necesitaba tomarse un descanso.

La mamá no se mostraba muy convencida, pero la hija le insistió lo del grupo para luego confesar el motivo de fondo: no se sentía preparada para encontrarse en el liceo a Juan Andrés, el novio de una relación de dos años con el que, para sorpresa de los amigos y conocidos, terminó abruptamente haría poco menos de un mes.

A Indira le pesó particularmente enterarse de esa ruptura: sentía por Juan Andrés un cariño franco. Le parecía perfecto para su hija. Pero, incluso ante esa situación, se mantuvo fiel a su principio de no involucrarse en sus decisiones.

Indira se esforzaba por educar con preceptos distintos a los que habían empleado en su propia educación. Además, del archivo de su recuerdo le llegó una nítida película en la que la protagonista —ella misma— debió soportar no saber bailar, no ser muy agraciada ni muy feliz. Una versión suavizada de *Carrie*, pero sin poderes. Después de todo, a esa gordita que tardó en encontrar su lugar en el mundo no había que explicarle cuánto puede sufrir una adolescente cuando siente que no encaja.

Cuando volvió de la película que rodaba en su memoria, se encontró con la mirada de la hija, que esperaba una respuesta como la pista al avión que está por aterrizar. Luego de un suspiro que tenía más de su propio recuerdo que de la ansiedad de aquella, le dijo que si eso era lo que deseaba, «seguro no te vendrá mal cambiar de aires».

Atravesar el pasillo completo de un problema por resolver no es un asunto fácil. Menos si encuentras, a mitad de camino, una puerta con un atajo. Es muy raro quien, puesto a escoger, evite el atajo.

Ahí está la trampa del asunto, pero en esas circunstancias nadie la ve.

Al mes de esa conversación Raquel estaba instalada en la casa de su tía Úrsula. Que había conseguido un empleo en una cafetería, comentaba entusiasmada. A Indira le pareció bien que la hija viviera una experiencia completa en su estadía extranjera. Se trataba, según razonó, de un entrenamiento muy necesario en la Venezuela de estos tiempos.

A los dos meses le dijo que había conocido a un muchacho. A Indira le produjo el asunto una mezcla de miedo con ternura, pero se guardó la parte oscura de su opinión. La parte oscura era un prejuicio heredado –no tenía nada de haber terminado con Juan Andrés y ya estaba saliendo con alguien– que prefirió reprimir porque no quería sonar como su mamá. Por eso prefirió recordar su tesis de la cuerda larga. Dejarla que viviera lo que tuviese que vivir. Ya los acontecimientos adquirirían su forma definitiva, se dijo, aunque se cuidó de comentarle a Cheo, su marido, el asunto.

No quería que nadie la empujara a pensar lo que, precisamente, estaba evitando.

Pero a los tres meses, el empujón que estaba evitando le llegó sin darle tiempo a prepararse, por lo que no pudo evitar rodar por el suelo. Raquel le contó que, a pesar de la oposición de la tía Úrsula, se había mudado con Paúl, el novio que había conocido un par de meses atrás. Que tenía una semana viviendo con él, en casa de sus padres. Que estaba enamorada y «espero que no me censures».

Esto último no sonaba a ruego sino a advertencia.

La reacción de Indira, claro, fue de pánico. Pero las «condiciones objetivas» se cernían sobre ella como una cerca invisible. Sabía que la cuerda estaba demasiado larga como para intentar usarla. La hija no solo estaba lejos de su alcance, sino que ni siquiera sabía dónde estaba viviendo. A eso se le agregaba un elemento político doméstico: Cheo, que siempre prefirió mantenerse al margen en los asuntos que tuviesen que ver con sus hijastros, guardó silencio con la noticia del viaje de la chica, pero algo en su mirada decía que pensaba cosas que prefería no decir.

Ese viejo precepto *hippie* según el cual «el que no tiene nada lo tiene todo» adquiere, si se lee desde su lado negativo, un carácter agobiante. No saber qué piensa alguien cuya opinión te importa equivale a disponer de un catálogo con todas las especulaciones que te produce ese silencio.

El que no tiene nada lo tiene todo.

Apeló, por tanto, a la sutileza. Por acentuar sus modos de madre comprensiva y amiga. Le preguntó si estaba segura y dio por descontado –le dijo– que le mandaría la dirección de donde estaba viviendo. «¿Cierto?».

El «claro» de la hija exigió de un autocontrol del que no se hubiese creído capaz. En lugar de la dirección leyó en la pantalla un negligente «en cuanto me la sepa te la mando, jajajajsandjasdkas», seguido de emoticones que, lejos de contagiarla con variadas formas de sonrisas, le produjeron el frío que presagia las derrotas.

A veces a la vida le gusta meter el dedo en la llaga. No tendría otra explicación el hecho de que una tarde de esa misma semana en que conversó con la hija, Indira se encontró en la calle a Juan Andrés. Verlo, bonito y dulce como siempre le pareció, le hizo echar de menos la vida que tenía pocos meses atrás. Que él se acercara y la saludara con afecto le agregó, al dolor de que ya no fuese ese el que estaba del otro lado del afecto de su hija, la tristeza de no poder contarle nada.

Pero él no tenía intención de dejar pasar el tema. Le preguntó por ella. Indira le respondió con evasivas. Él le dijo que sabía que estaba en Argentina. Ella se sintió aliviada de no tener que mentirle, al menos en eso. Él le dijo que estaba tratando de ubicarla y que no le respondía ni los correos ni los *whatsapps* ni las «señales de humo». Ella rio sin ganas la ocurrencia y le dijo que le diera chance, que ya volvería a aparecer. Él se mostró razonable con eso, sin embargo, con una madurez en el rostro que ella le desconocía le dijo que le preocupaba el niño.

«¿El niño?», preguntó Indira como quien despierta bruscamente. «¿Qué niño?»

El sorprendido entonces pasó a ser Juan Andrés. Más que sorprendido, indignado.

«¿Se fue y no les dijo nada?», preguntó con la cara que tendría el que entra en su casa y ve a otra familia en lugar de la suya.

Indira no supo qué hacer. Raquel, que estaba aún en ese momento en que (cree que) la juventud puede con todo, se le adelantó. Le escribió contenta, diciéndole que se iba a casar con su novio porque había quedado embarazada. Indira, que ya no se pudo aguantar, quiso halar la cuerda, pero no solo estaba muy lejos, sino podrida por dentro.

Raquel, como podemos ver, es de las que prefieren repetir el año antes que enfrentar un examen para el que no estaba preparada. Ahora vive en un pueblo de Argentina que no aparece en los folletos de las agencias de viaje. Dice que trabaja de camarera y, aunque esto último no lo dice las pocas veces que habla con su mamá, espera que el niño se parezca a ella.

De cuando en cuando, en esas noches en que no puede dormir, se le vienen a la cabeza pasajes que le parecen más una película vista que una escena vivida. En ellos se ve desayunando con su mamá.

«Cambiar de aires», le escucha decir a aquella.

En esos momentos busca el rostro de Paúl, que duerme a su lado, y «cambiar de aires» se convierte, una vez más, en esa tentadora puerta a un costado de un largo pasillo que preferiría no tener que atravesar.

Como en un cuento de carver

EL SONIDO FUE APENAS PERCEPTIBLE en medio del rumor de la calle. Fue el crujido seco de algo que dejó de andar. Como un punto final. Un golpe apagado, seguido de un silencio. ¿Han notado que siempre, después de una situación extraordinaria, se apodera de la calle, así sea por fracciones de segundo, un silencio que todo lo abarca? Como si la vida necesitara reiniciarse. O quizá se trate de un modesto gesto de respeto para decirnos que las pequeñas tragedias también le importan.

Lo cierto es que se escuchó, como dijimos, un golpe seco seguido de un mínimo silencio. Cuando la gente, que ya sabe qué quiere decir eso, se detuvo, oteó el horizonte, se asomó en busca de eso que ocurría en algún lugar cercano, vio un chamo de unos 14 años tirado en el medio de la calle, en el carril central, con los brazos y las piernas extendidas y la cara enterrada en el asfalto, tan perfectamente estirado como la versión «ropa de calle» de un hombre de jengibre, pero boca abajo. A su lado yacía una moto de costado, con la rueda delantera aún girando. Su conductor, muy cerca de ella, se incorporó tan rápido como pudo.

El muchacho, en cambio, tardó en reaccionar. Cuando al fin se movió lo hizo con mucha calma, como si despertara de un sueño de varios días y tuviera los miembros entumecidos.

Subió ligeramente la cabeza y luego trató de impulsarse con los brazos. Fue un intento fallido, porque su rostro volvió al asfalto. Después haría nuevos intentos, lentamente, hasta lograr colocarse en cuclillas.

Estaba aturdido. Parecía avergonzado. No quería verle la cara a nadie. En la acera, donde había estado su cara, quedaba un pequeño charco rojo. Tenía una franela debajo de la camisa, por lo que se quitó esta última para usarla como espadrapo de emergencia con el cual contenía la hemorragia que empapaba su rostro. Todo el tráfico se detuvo a la espera de que lograra moverse. Cuando se incorporó del todo, caminó hasta la isla sin aceptar ayuda, tapándose el rostro con la camisa.

En ese momento se supo que los dos chicos que, desde la isla, habían estado observando la escena en silencio, estaban con él. Cuando el muchacho se reunió con ellos, lo recibieron con manos temblorosas, palpándole el cuerpo, como asegurándose de que aún estuviera articulado.

Tras ese breve examen, se fueron caminando por la isla, desapareciendo de esa calle que en pocos segundos los olvidaría, llenándose de carros y motos indolentes que estirarían con sus cauchos, hasta hacerlo desaparecer, el pequeño charco con la sangre de un chamo cuyos padres no vieron tirado en la acera y que, es muy probable, nunca sabrán de ese episodio.

Fue Wilde quién advirtió que la vida imita al arte. La escena, en efecto, recordaba un cuento de Raymond Carver. Con las diferencias de rigor. Como que en la historia de ficción se trató de un niño más pequeño arrollado por un carro conducido por una señora, en una de esas urbanizaciones –que todos conocemos de tanto verlas en las películas, aunque jamás hayamos pisado una– de las afueras de una ciudad gringa. Como el quinceañero de una avenida de Caracas, el niño del cuento también se paró por sus propios medios y se fue caminando a casa sin aceptar ayuda.

Apenas tienen edad para hacerlo, los hijos comienzan a exigir su libertad. Los padres nunca sabrán cuándo están realmente listos. Quizá, llegado el momento, siempre lo estarán. Quizá nunca lo estén, pero les toca asomarse a la vida. Los padres no solo nunca sabrán cuándo están listos, sino que, además, nunca sabrán las cosas por las que pasan los hijos en la calle, que jamás contarán para que no les sea revocada esa libertad que una vez probada se vuelve imprescindible. Libertad de ser imprudentes, de poner su vida en peligro, de llevarse sustos, de arriesgarse a jugar. Y a perder.

Estamos hablando de un objeto de tracción motora hecho con materiales resistentes, embistiendo contra un cuerpo cincuenta veces más liviano, hecho de una extraña pero frágil materia, capaz de regenerarse, pero también de aniquilarse hasta por tristeza. El niño llega a su casa y se acuesta a dormir sin decirle nada a su mamá, que comienza a angustiarse cuando ve que ha dormido más de lo usual. Que sigue durmiendo, inmóvil, durante horas. Para cuando la mamá decida que es demasiado raro para ser normal, será demasiado tarde.

Estamos hablando del cuento, claro. Del otro, el de la vida, solo sabemos que los quinceañeros se perdieron de vista. En estas calles no es común que la gente tenga seguro y los hospitales son un último desesperado recurso. Pasado el susto, de seguro comenzarían a reír, exagerar y producir su versión de un hecho en la que todos serán un poco protagonistas. Pasado el susto. El visible.

Pero uno de ellos, el que iba en el medio con una camisa empapada de rojo en la mano, iría dando tumbos y perdiendo el equilibrio de tanto en tanto. Dando tumbos mientras atravesaba una avenida indolente, ajena a su pequeña tragedia, sospechando que no iba a comentar el incidente en casa.

Como en un cuento de Carver.

El amor y su ausencia

«I thought at last I'd found a
situation you can't explain».
ANDREW BIRD

EL METRO HACE MUCHO TIEMPO dejó atrás el concepto de «hora pico» para remontar una sostenida meseta que se yergue con energía a las seis de la mañana, y comienza a declinar en torno a las ocho de la noche, cuando la prudencia comienza a acarrear a sus casas a los rezagados callejeros. Dos turnos, en horario corrido, de empujones, bullicio, carteristas, quejas, risas, ansiedades, pedigüeños, bolsas con comida, deseo y soledad.

Un tubo comprimido de 150 metros de masa, líquidos y alientos.

Cuando el tren llegó al andén de Parque Carabobo y comenzaba a detenerse, una pareja se apresuró para alcanzarlo. Como en las postales antiguas, ella iba tomada del brazo de él. Pero solo ella entró al vagón. Él se aseguró de verla entrar y se dio la vuelta. Ella se abrió paso entre la gente hasta quedar ubicada en el medio del pasillo. Una muchacha que estaba sentada justo frente a ella le cedió el puesto apenas levantó la cabeza y la vio, con la diligencia del que le daría pena titubear frente a la situación.

Llamaba la atención que una mujer joven le cediese el puesto a otra. De inmediato los que lo notaron cayeron en cuenta del por qué. La flaca bonita de cabello largo que acababa de abrirse paso entre la gente era ciega. Con mucha gracia en los movimientos, se sentó y plegó su bastón de aluminio, dando las gracias con una corrección no zalamera, aunque tampoco hostil. Un «gracias» serio y firme, sin sonrisa.

Seria y firme ocupó el asiento, destacando como una gota de sangre en medio de la nieve. Linda y elegante, la cara limpia de maquillaje delineaba un rostro pálido de pómulos angulosos y labios finos. Llevaba impecablemente arregladas las uñas de sus pies y de sus manos, pintadas con ramitas y puntos, salvo las de los dedos anulares, que iban de un solo tono. Manos y pies de dedos delgados y gráciles. Unos tacones de plataforma, un pantalón de pinzas y una blusa ligera, como cualquier chica que va bonita al trabajo.

Toda ella traducía la expresión «pulcritud esmerada».

Pero, más allá de eso, había en sus formas una majestad que incluso desbordaba la palabra «dignidad». Era otra cosa, un algo recogido y altivo, como un invisible círculo de fuego que la protegía de la lástima. Algo ligeramente flemático pero no pedante, con esa reminiscencia de viejos hábitos de pudor y orgullo, como el respeto que la gente prodigaba a su oficio, por modesto que fuera. Algo que, además de protegerla, la volvía inalcanzable, que en la naturaleza humana es sinónimo de deseable.

Con su mirada ausente puesta en ningún lugar, sacó su teléfono para atender una llamada y le dijo a su interlocutor que lo esperaba en la transferencia, en Plaza Venezuela. Terminó la llamada y, luego de pocos instantes de un quieto silencio, comenzó a prepararse para salir del vagón. Cerró la cartera, desplegó el bastón y, en último gesto, levantó su blusa dejando ver su torso delgado y blanquísimo, salpicado de lunares, e incrustó el teléfono dentro de la pretina de su pantalón, de seguro para estar atenta a su vibración. Fue un gesto mecánico, casual, doméstico, colmado de la indiferente sensualidad del que vive en un mundo de temperaturas, olores, sonidos y volúmenes, pero no de imágenes, lo que la convirtió en la mujer más apetecible de todo el tren.

Una estampa inaudita en medio del calor, la impaciencia y el desamor.

El semblante concentrado y la expresión ausente de regodeos y adornos gestuales hablaban de alguien que sale todos los días a enfrentarse a una masa sin forma ni dirección, ante la cual no puede proyectar debilidad. Lo esmerado, lo pulcro de su atuendo, lo cuidado de sus manos y pies, lo erguido de su porte, hablaban de algo poderoso e intraducible. Algo que, en última instancia, habría que resignarse a sintetizar en la palabra amor. Un fuego misterioso alimentaba (y alimentó en su infancia) a esa mujer hermosa que no permitía, con más firmeza que resentimiento, ser tratada en una condición de minusvalía. Una orgullosa y atractiva mujer que no se concebía relegada a unos asientos azules. Ese algo invisible la había sostenido por dentro y desde adentro, forjando lo que todos veían en silencio.

En una película titulada *O-jik geu-dae-man* (2011), traducida al inglés con lacónica pereza como *Always, una chica ciega*, Hyo-ju Han mantiene una relación de amor con un exboxeador. Aunque se trata de otra vuelta más del clásico chico-conoce-chica, esa mezcla de fragilidad y entereza para enfrentar la vida, candor y valentía, ternura y sensualidad que despierta el personaje hace inevitable el sentirse enamorado de ella. Eso es precisamente lo que producía nuestro personaje. Más aún porque no era un papel protagonizado por la hermosa actriz coreana Jeong-hwa, sino porque era una chica, igualmente hermosa, pero anónima y ciega, caminando por las calles de Caracas, como si se hubiese escapado de una película romántica, trayéndose un poco de la magia del cine para regarla entre nosotros.

De esta manera, como si rodara una película donde cualquiera hubiese deseado ser el chico, antes de que el tren terminara de llegar a Plaza Venezuela se puso de pie y se encaminó hacia la puerta. En cuanto se abrió en la estación, salió con suficiente agilidad para no ser atropellada por la manada que esperaba entrar al vagón.

Al estilo Plaza Venezuela, se podría decir.

Y todos los que, en religioso silencio, asistieron a esa revelación vieron irse a esa flaca bella, deseable, como cualquier mujer bella y deseable que camina entre la gente, que enamora por un instante y se pierde de vista para siempre, dejando a su paso un rastro triste y alegre al mismo tiempo.

Como el que ve alejarse una vaga esperanza.

Hermosa por lo que estaba a la vista, pero poderosamente más hermosa por su altiva actitud. Mientras los que se quedaron adentro se regodearían, por puro despecho, en la imagen de su indiferente torso con lunares, escucharon cómo se aproximaba, ganando terreno entre la gente, una de las tantas postales de la autocompasión que pululan en el Metro, cruzándose unas a otras, como emisoras de radio cuando uno hace avanzar del dial al descuido. Se trataba de un hombre alto, de unos 35 años, con sus dos ojos y sus dos brazos libres de bastón. «Señor, señora. Yo soy pobre, pero honrado. Yo uso pañales y están muy caros. Una moneda no los van a hacer a ustedes más pobres que a mí. ¿Quién de ustedes me regala una monedita?»

En un movimiento de cámara, en una misma secuencia, el amor y su ausencia, comprimidos en un instante, conteniendo los límites de toda la gama de masa, líquidos y alientos que viajan en ese tubo de 150 metros.

Para seguir pedaleando

Un hombre va al médico quejándose de algunos fallos de la memoria. El médico le hace algunas pruebas rutinarias. Luego se sienta y le pregunta: «Bueno, y esos fallos de memoria, ¿qué me cuenta de ellos?». El hombre lo mira extrañado y le pregunta: «¿Qué fallos?».

La anécdota la cuenta Oliver Sacks, en ese interesante compendio de anotaciones sobre su consulta neurológica, que tituló *El hombre que confundió a su mujer con un sombrero*, en el que ilustra cómo con la memoria se puede ir parte de nuestra vida.

Eso lo sabe Alejandra, una licenciada en Idiomas Modernos, luego de que una noche en que estaba manejando bicicleta por el centro de la ciudad perdió el equilibrio y su cabeza fue a dar contra el borde de un pequeño muro. Cuando volvió en sí, más de veinte días después, y cayó en cuenta de que tenía extensas lagunas en su memoria, entró en pánico y pensó que pudo haber olvidado sus fluidos inglés y francés, idiomas de los cuales vivía.

«¿De qué voy a vivir?», se preguntaba aterrada.

Por fortuna, a los pocos días recibió la visita de un amigo de su promoción y constató con alivio que mantenía las habilidades en las lenguas adquiridas.

Pero nos estamos adelantando. Contemos los hechos en atención a cierto orden cronológico. Ella, por supuesto, no recuerda nada de lo ocurrido esa noche. Sus familiares, con trozos de testimonios de terceros, debieron hacerle el recuento. De esa noche y de los veintiún días que estuvo en coma.

Veintiún días que comenzaron a partir de «la noche del 21 de diciembre de 2012». Lo recita como todo el que se aprende de memoria una historia que le contaron. Como si le hubiera ocurrido a otra persona. Y, de alguna manera, así fue.

Era una noche bastante fresca. En esa época del año suele oscurecer temprano pero suele, también, haber mucha actividad en la calle por la zona. Iba con un amigo, cada uno en su bicicleta, por los alrededores de la Plaza Bolívar. Todo parecía estar en su lugar. Aquí comienza a titilar la precisión de los detalles que desencadenaron los sucesos. ¿Soltó el manubrio? ¿Perdió el control? ¿Fue un acto temerario o un instante de felicidad por estar haciendo su actividad favorita una bonita noche de diciembre? Ella no recuerda nada y el amigo lo que sabe es que de pronto la vio caer y, cuando se detuvo a auxiliarla, la vio inconsciente con un enorme hematoma a un costado de la cabeza, a la altura de la sien, en el sitio en que se golpeó con el borde de un muro que contiene las jardineras de esa zona.

Al verla en ese estado se asustó. No siempre se sabe qué toca hacer cuando una amiga está inconsciente en el piso, una noche de finales de diciembre, en los alrededores de la Plaza Bolívar. Lo primero que se le ocurrió fue pedir ayuda a un quiosquero que estaba cerca. Este, a su vez, contactó a un bombero (en adelante, Salvador, miembro por derecho propio del santoral personal de la chica), quien la llevó al Hospital Pérez Carreño.

No perdamos de vista los hechos: un hospital público, una noche de 21 de diciembre, una muchacha sin familiares a su lado, inconsciente y con un fuerte hematoma en la cabeza.

En el hospital se negaron a recibirla. Las fechas, el estado en que se encontraba, las estadísticas de alcohol y violencia callejera… Una mezcla de prejuicios con excusas que podía interpretarse como un caso bajo la etiqueta: «malandrita acoñaceada quién sabe por quién y por qué», que culminó en algo así como «no la vamos a operar porque hay otras prioridades». Afirmación que, sumados los elementos sueltos, se podría leer como que había poco material y personal y, en cambio, vidas más valiosas que intentar salvar.

Así de dura pueden volver las condiciones el alma de ciertas personas que lidian a diario con el horror y la carestía.

Cuando el amigo logró avisar a la familia, esta fue al hospital corriendo, para encontrarse con que se negaban a ingresarla. «¿Cómo que malandra?», gritaron consternados. Ella da clases en la Universidad, es activista ciudadana… Es nuestra hija y de aquí no nos movemos hasta que la ingresen.

Detrás de la actitud *perdonavidas* de quién sabe qué le pasó a esa malandrita, había una verdad de fondo: ningún médico se atrevía a operarla. Se encontraba en un estado muy delicado y la operación de urgencia era de alto riesgo. Había que practicarle una craneotomía para que la sangre, que estaba formando un edema con riesgo de coagularse, fluyera y aliviara la presión. Solo eso podría salvar su vida. Pero intentar la operación también la pondría en riesgo. He ahí el dilema. El hombre está lejos de tener el control de la suichera. En medio de la incertidumbre y la tensión de la desesperada familia y la negativa del cuerpo médico, un cirujano levantó su voz y dijo: «Yo lo hago». Le tocó convencer a sus colegas hasta que, finalmente, lo hizo (convencerlos) y se llevó a cabo la intervención quirúrgica.

Como ya se dijo al principio de la historia, estuvo 21 días en coma. Su puntaje en la escala de Glasgow, que permite medir el nivel de conciencia de una persona que sufrió un trauma craneoencefálico, era lo suficientemente bajo como para que las expectativas de recuperación estuvieran sostenidas apenas en una fe ciega. Una fe negadora de todo indicio real y tangible.

Un médico sintetizó la situación con una frase demoledora en su franqueza:

«Si queda viva lo único que va a mover es la pepa del ojo».

De hecho, durante esos 21 días en los que la familia no se movió del hospital —recibieron la Navidad y el Año Nuevo en sus puertas, aferrados a su deseo—, los médicos les preguntaban con cierta frecuencia, incluso delante de la muchacha que dormía, qué iban a hacer con los órganos. Como se ve, la esperanza a la que la familia se aferraba no estaba alimentada por palabras de aliento del personal de salud.

Y si bien aquellos no alimentaban esperanzas, un gesto de la muchacha que dormía enviaba señales de que la esperasen, porque ella iba a llegar: durante su largo sueño sus piernas seguían pedaleando, con enorme frecuencia, como si temiesen perder el tren de la vida, que podía arrancar sin ella. Por supuesto, estos movimientos mecánicos podrían significar cualquier cosa. De seguro los médicos tendrían alguna explicación que aniquilara ese anhelo. Pero la familia leía en eso un símbolo: ella no se rinde, nosotros tampoco.

Sin embargo, no despertaba.

Ya la situación angustiaba a la familia. Comenzaron a desear que despertara o que dejara de pedalear. Una tarde la mamá llegó y la encontró tranquila. Con las piernas tan serenas como su rostro. Verla tranquila, al fin, le produjo ternura. «Tan bella que se ve mi hija quietecita», comentó. De inmediato, las otras hijas quitaron las sábanas que cubrían sus piernas. Las tenía amarradas, no quietas. Fue lo que decidieron hacer cuando había que asearla u otras labores que necesitaran de su tranquilidad.

A principios de enero la familia comenzó a hacerse preguntas acerca de su destino. Pasó diciembre con su capacidad de despertar fe. Llegó enero, que es como un ratón colectivo, hasta para los que no beben. Y ella seguía sin despertar. Pedalear, sí; despertar, no. Los médicos insistían en que la situación era irreversible y comenzaban a presionar, sutilmente, para que tomaran una decisión. Nadie se atrevía a desconectarla. No era solo un asunto de fe, de quererla entre ellos. Una sombra se cernía incluso por sobre su anhelo. Nadie lo exteriorizaba, pero a todos les aterraba la idea de que alguien tan vital como ella volviese a la vida, pero reducida a una silla de ruedas.

De cualquier manera, nadie se atrevía a tomar una decisión. Entonces la familia comenzó una serie de consultas. No entre ellos. Con Dios, la madre. «Que se haga tu voluntad». Con ella, las hermanas. «Haz lo que tu creas conveniente», le decían a la chica que mantenía sus ojos cerrados. «Si vas a quedar postrada sufriendo y prefieres irte, lo entenderemos. Pero no nos eches la vaina de dejarnos esa decisión a nosotros».

A los pocos días de eso tomó la decisión: Despertó.

Veintiún días con la familia en vela, angustiados, rezando, hablando con ella, preocupados por el estado de su salud en caso de que despertase fueron para ella un segundo. Cuando finalmente despertó, la familia en pleno estaba con ella. Todos se alegraron. Volver de un coma es como encender por fases unos complicados motores. Se vuelve de la muerte y se recupera la vida de a poco. Apenas la vieron abrir los ojos, luego de la enorme alegría, sintieron ansiedad por conocer la dimensión del potencial daño. ¿Quién soy yo?, le preguntó la mamá con ansiedad, como se lo preguntaría a una nena de dos años. «Mamá», leyeron de sus balbuceantes labios y se sintieron enormemente aliviados.

Luego vendría un inventario más extenso, que cada día se hacía más exhaustivo, en búsqueda de eso que pudo haber quedado en el camino. Como si, con la apertura del cráneo, se pudo perder algo inestimable. Y así fue recuperando lo bueno y lo malo. Volviéndolo a vivir.

Y aquí, «volviéndolo a vivir» nunca fue más literal.

Una tarde, mientras la mamá conversaba con una amiga en la sala, ella releía una revista y escuchaba la conversación por ratos. La mamá le dijo a la amiga que ella no ponía música desde la muerte de Carlos.

Alejandra levantó la vista bruscamente y preguntó alarmada:

«¿Qué Carlos?».

La mamá, al darse cuenta de que acababa de hacer otro *check* en ese largo inventario de cosas que la hija había recuperado o no, la miró como el que tiene que explicar algo a un niño, y le dijo, con mirada piadosa:

«Ay, mamita, sí. Tu tío Carlos se murió».

Había ocurrido unos meses antes. Era el tío preferido de la chica. El menor por parte del papá. El que más la consentía. En ese entonces el asunto le había pegado mucho y vivió su duelo. Volvió a escuchar la noticia de la boca de la mamá y, como si acabara de ocurrir, volvió a vivirlo.

Y así como recuperó cada recuerdo triste, tuvo la dicha de recuperar, con esa sensibilidad refinada de la persona que disfruta la vida luego de un milagro, cada pequeña sorpresa, cada paisaje, cada sabor, cada deleite. Volvió a la vida, y como hace toda persona sensata que vive esa experiencia, no fue para quejarse.

Lo hizo para seguir pedaleando. Simbólica y literalmente.

Latitud 10,5 - Longitud 66,91

Como en la mente de los solitarios,
en las calles de Caracas siempre pasa algo.

Asistida por el personal operativo, una muchacha parió en la mezzanina de una estación del Metro. No se le adelantó el parto, iba camino al hospital. Quizá el presupuesto en el rubro transporte para atender su planificada emergencia haya sido de cuatro bolívares. Y no sería un caso aislado. Sucede con más frecuencia de lo que parece. Convalecientes que encuentran, o no, un ángel que les ceda el puesto entre empujones de ansiosos que van tarde. Gente con movilidad reducida, y no es un eufemismo, planificando su estrategia para llegar lo menos maltratada posible a su destino. Parturientas pobres, como María, pero sin un viejo marido que las acompañe. Un pesebre con operadores en servicio de estación, a veces, donde en otros tiempos hubo Reyes Magos.

Otra chica caminaba por la acera de una de esas avenidas del Este que conectan la Francisco de Miranda con la Cota Mil. Esa mañana despertó con el ánimo en su punto óptimo. A pesar del país, algo la hacía sentirse «elegida». No sabía para qué, pero no le importaba. La elegida siempre será única y la que es única es especial. Y así se sentía esa mañana.

131

Iba entonces, aturdiendo sus oídos con una de esas canciones que hacen sentir sexis a las chicas, viendo las calles por donde camina como si fuese un videoclip con una deliciosa cámara subjetiva con ella como centro. El contador de su vanidad ya iba por tres tipos que le dijeron cosas al pasar. Y eso sin contar los tímidos que solo le regalaron miradas hambrientas. Tenía un algo especial ese día. Lo sentía y lo disfrutaba. Sin porqué. Música. Ritmo. *Sex-appeal.* Un motorizado, en una máquina que parece un caballo, baja la velocidad y le murmura algo. Es atractivo. No le extraña, porque hoy amaneció con el irresistible alborotado. Acostumbrada a que ese día era suyo, se le acercó con una sonrisa pícara. Se quitó los audífonos y le preguntó, con una expresión que ha cocinado toda la mañana. «Dame el teléfono o te revuelco aquí mismo», escuchó con pasmosa claridad de la voz del tipo, y ahí cayó en cuenta de que si ella le llegó a ver una sonrisa sería por reflejo de su estado de ánimo.

En medio de la disímil galería humana que se deja ver en Chacaíto, un señor de unos 70 años, impecablemente vestido con saco y corbata, entró con paso firme a la librería Alejandría III y se dirigió a la caja extendiendo un papel bond sucio y doblado que sacó de un maletín que llevaba consigo. Sin dejar de atender a los clientes, el librero recibió el papel y, con mucha seriedad, estampó su firma sobre él. Se despidieron con gesto solemne y el señor se perdió entre la gente. «Siempre viene. Entra en todos los locales del centro comercial para que le pongan la firma», comentó el librero viéndolo alejarse. A su paso dejó la predecible pero siempre sorpresiva leyenda urbana: no soportó la muerte de un hijo y se escondió en el laberinto de una burocracia de papeles reciclados que no le diera tiempo de echar un ojo afuera.

A una muchacha que hizo un trabajo que duró todo el día le hicieron firmar el respectivo contrato (groseramente desventajoso para ella) al anochecer de la larga jornada. «Tómalo o déjalo», le dijeron. Otra chica comienza a trabajar en una tienda de zapatos. Cuando le pregunta a una compañera por qué debían coletear y limpiar baños si su cargo era de vendedora, la otra le dice, resignada, que eso es lo de menos: cuando el dueño llega le debe comprar el desayuno e ir al banco a hacer el pago de los servicios de su casa. Un tercero tiró la toalla, a la semana, en el cine de un centro comercial del suroeste de Caracas, harto de la soberbia grosería de los clientes (sobre todo jóvenes que iban con las novias). Además, nunca le dijeron que el cargo incluía «pisar basura». Esto es, montarse sobre los *containers* de desechos para compactarlos, como si fuese un tradicional pisado de uvas al final de la vendimia, pero con restos de comida. Cuando aún no se la llevaban las familias hambrientas. Hay una balada que se llama necesidad, y tanta gente la canta que parece un coro. Todos juran que vendrán tiempos mejores. Alguno que otro hasta tiene suerte y los ve.

Todavía no carga consigo todos los olores que cubren la tierra. Todavía se le ve algo de color original en medio de los lamparones de sucio. Aún algo de color se cuela de sus ropas. Tiene, de hecho, buena talla. Pero en la mirada contiene una rabia asesina. Se monta en el Metro. Habla por las buenas. Lo de siempre: es un muchacho de la calle, que no tiene dónde dormir, que no come desde ayer. El entrenamiento permanente con la tragedia, sumado a la gestión interna con la que debe lidiar, hace del caraqueño uno de los corazones más duros en eso de ablandarse con cuentos. Es el resultado del exceso. Demasiada demanda saturó el mercado. Un efecto que se repite se va agotando, reza un axioma dramático. El muchacho, al no encontrar la solidaridad que esperaba, masculló un «será que hay que entrá con sida pa' que a uno le den». Es la campana del próximo escalón. Todavía no se ha cegado, pero está en camino. Todo el mundo sabe que pronto será peligroso. Pero nadie puede hacer nada. Un billete o un pedazo de pan no cambiará el destino de las cosas. «Hay mucha hambre en la calle», comenta un señor, viendo el asunto con preocupación. «Deje que se acabe la temporada de mangos», le riposta otro, que escondió discretamente la bolsa de pan que llevaba a casa.

Latitud 10,5 - Longitud 66,91. 777 kilómetros cuadrados. 2.5 millones de residentes. Una incontable cantidad de canales en tiempo real que nunca dejan de trasmitir. Una inextinguible fábrica de películas donde no siempre ganan los malos. Todas las mañanas sus personajes se levantan de la cama con la esperanza de madrugar a la estadística. Y, aun sabiendo que todo está en contra, salen a la calle con unas pocas leyes, que repiten algunos sabios padres a sus hijos:

La vida no es justa y no tendría por qué serlo. Quien no espera nada encuentra ayuda y quien espera ayuda encuentra desengaños. El que aprende a encajar los golpes y seguir adelante ya viaja en buena compañía. Todos los días sucede algo bueno digno de mencionar. Mantente erguido siempre, así tengas que pasar en silencio. Nada es personal. El que sabe que hay días buenos y días malos ya se vacunó contra el resentimiento. Si llegaste a casa, algo tendrás que agradecer. Amén.

Alguien fue

Son las siete y media de la mañana. Un jeep de la policía, con la sirena encendida, intenta abrirse paso entre las colas de una avenida caraqueña. No pasan cinco minutos y vuelve a escucharse otra sirena. Esta vez es una camioneta pickup, también blanca, pero sin logotipos que la identifiquen, con más policías en la batea de lo que la prudencia aconsejaría, armados como si fueran a la guerra. Diez minutos después pasan varias motos, esta vez de la Guardia Nacional, igualmente a toda velocidad. Todas llevan dos hombres: un conductor y un parrillero con armas, cascos, escudos y aperos que les dan aspecto de cíborg de una clásica distopía de cuando el mundo se entierre a sí mismo en la cuneta.

Toda esa movilización pareciera indicar una situación de rehenes o un atraco bancario o un robo masivo en el Metro de Caracas o hasta un ataque terrorista. Algún grave incidente en el cual esté en peligro la integridad de los ciudadanos. Y, en efecto, puede que eso esté ocurriendo en algún lugar de la ciudad, pero ese no es el motivo de ese despliegue del poderío del Estado. El motivo es que ese día habrá una marcha de la oposición hacia algún edificio gubernamental. Es decir, van a poner en peligro la integridad de los ciudadanos.

En resumen, no van a una guerra, pero sí van a una guerra. La guerra del poder contra la gente que, *as usual*, llevará las de perder. Así tenga la razón.

Todo sistema se mide por su eficacia. Al final de cada jornada se saca la cuenta para saber si el negocio valió la inversión en tiempo y dinero. Y así como los sistemas industriales producen bienes, los grupos antimotines producen aporreados y presos. «Eso» salen a buscar y con «eso» volverán al final de la jornada.

Un grupo de vecinos, harto de vivir en cavernas sin agua ni luz, decidió llamar la atención de las autoridades con medidas tan desesperadas como su situación. Además de desesperados, se sienten burlados en su buena fe, tras haber enviado decenas de carticas a los organismos competentes, que en lo único que parecen competir es en ver cuál puede ser más ineficaz e indolente. Entonces, tomaron la decisión, tras una asamblea urgente, de que eso solo se resolvía con la presencia de la máxima autoridad correspondiente. Ya basta de segundones que no van a hacer nada. No saben, por supuesto, que los segundones sí hacen. Y lo hacen bien. Es decir, hacen lo que les toca: dar la cara por el jefe, para que sean ellos los que se echen encima el embarque de seguir haciendo como que se mueven sin moverse un milímetro.

Pero, como los vecinos no saben eso, creen que si el jefe da la cara se verá obligado a resolver. No es tan fácil, ya que dispone de mil recursos para no tener que hacerlo. Cualquiera diría que sería más sensato resolver los problemas de la gente, en lugar de ocupar ese tiempo en encontrar excusas y mecanismos para no hacerlo. Pero así son las cosas. Y no va a ser un puñado de vecinos desesperados trancando una avenida o un tramo de la autopista lo que cambie una enraizada tradición burocrática.

Dice el manual del poder que, en el preciso momento en que tranquen una avenida o una autopista, dejarán de ser vecinos desesperados ante la falta de atención a sus problemas para pasar a ser transgresores de alguna ordenanza o ley. En un pestañeo pasan de ser personas que tienen razón a ser personas que no tienen razón, según la enrevesada lógica del poder. En otras palabras: de ser merecedores de consideración pasan a ser merecedores de coñazos. Y de esta manera, lo que comienza como una medida extrema para intentar resolver una situación, terminará con algunos de esos vecinos muy magullados y algunos otros compartiendo unos metros cuadrados por un tiempo indefinido.

Y la situación que los llevó hasta ese punto seguirá, por supuesto, sin resolverse.

Cuenta un viejo y amargo chiste que había un encuentro internacional de policías, el cual se clausuraría con un torneo de exhibición acerca de las eficacias de sus respectivos métodos para atrapar delincuentes. La competencia consistía en soltar un zorro en el bosque, ante lo cual cada cuerpo policial debía demostrar su capacidad para dar con el asustado animal en el menor tiempo posible. Las unidades de élites de los distintos países en competencia hacían demostraciones cada vez más eficaces que las anteriores, lo cual era recibido con aplausos por los concurrentes, hasta que le tocó el turno a nuestra policía. El reto lucía difícil, ya que se había llegado a tiempos realmente asombrosos en la «resolución del caso».

Sin embargo, no pasaron diez minutos de haber soltado al zorro cuando se vio a la comisión criolla de regreso, con un animal amarrado. Un poco grande, la verdad, pero a la distancia cualquier error es posible. Al verlos asomarse en el horizonte, la gente rompió en aplausos. Estando más cerca, uno de los jueces notó que no se trataba de un zorro. En su lugar traían un maltratado cochino de monte. En cuanto pusieron al malogrado animal frente a los jueces, el juez en cuestión comentó que ese no parecía ser el sujeto de la exhibición. Al escuchar esas palabras, uno de los miembros de la comisión se volvió con la mano en alto hacia su víctima, preguntándole: «¿Tú no eres un zorro?», a lo que el cochino, cubriéndose la cara con las manos, se apresuró a responder: «Sí, claro que soy yo. ¿Qué es lo que tengo que firmar?».

Sí, no todo chiste da risa.

Alguien tomó una decisión cuyas consecuencias no previó. Alguien amaneció con el pie izquierdo. Alguien estará en el lugar equivocado en el momento equivocado. Alguien será el elegido. Alguien perderá su frágil estatus de persona libre. Alguien será subido a una camioneta o a una moto, a coñazos. Alguien será señalado, perseguido, encontrado. A alguien le tocará, haya sido o no. Alguien salió a comprar pan sin saber que su nombre está en las manos de los tripulantes de una camioneta negra, llena de «gente de lentes oscuros». Alguien se escapará por un pelito. Alguien llenará ese espacio. Silentes leyes de la Física lo ordenan. A alguien le pondrán los ganchos. Alguien se salvó. Alguien se jodió. Alguien lo contará dentro de mucho tiempo. Alguien lo callará para siempre. Alguien se callará para siempre. Alguien no dormirá esa noche en su casa. Alguien nunca más lo hará. Alguien tendrá sustituto. A alguien lo llorarán, por Navidad, todos los años. Alguien será olvidado. Alguien vivirá para pedir justicia. Alguien vivirá en el temor de que algún día la justicia se acuerde de sus desmanes. Alguien dejará de vanagloriarse de su oficio de aplastanarices. Alguien se preocupará cuando vea que su cara es reconocible en una foto. Alguien pagará, tarde o temprano, siempre.

Alguien fue.

Perpetuando a los Morlocks

… Y ASÍ SE FUE CONSTRUYENDO LA VIDA en el gueto. Esas terminaron siendo las reglas del juego. La lucha cotidiana. El agua, un turbio chorrito, llegaba cada dos semanas. El que no tuviera cómo adquirir un motor de bombeo y un tanque de almacenamiento mantenía en todo momento un grifo abierto, a la espera de la siempre inesperada buena nueva.

Afinaban tanto el oído que, a la hora de la madrugada en que comenzara el tamborileo sobre la palangana se despertaban de inmediato en modo lavar ropa, llenar pipotes y hasta bañarse, si en medio de las faenas domésticas les daba la hora de salir en dirección a la ciudad, en busca del sustento. Después de todo, ¿qué es sacrificar el sueño de una noche por el sueño de ponerse ropa limpia? Poder dormir toda la noche suponía, paradójicamente, una mala noticia.

Del resto de los servicios, como la luz y el aseo urbano, mejor ni hablar. De hecho, usar la palabra «servicio» es una imprecisión que no ayuda a ilustrar esas calamitosas y accidentadas circunstancias. Vitales, pero intermitentes como la atención de un burócrata de menor rango a la llamada «hora del burro».

Eso fuese manejable, después de todo. A menos que esté acostado en un quirófano, nadie se va a morir por un apagón.

Por la inseguridad sí, el cual era un aspecto bastante más inquietante. Y razones sobraban. Si sobrevivían, los infractores que abandonaban el confinamiento al que habían sido desterrados volvían al gueto potenciados en su crueldad. Con más oficio, podría decirse. Habían emergido del infierno ausentes de toda perspectiva de futuro. Poco les importaba lo que significara la vida para sus víctimas. Se las arrebataban por pasar el tiempo. La maldad sin esperanza anidaba en el gueto retorcidas y variadas formas del odio, que es un hijo bastardo del terror.

Las bandas rivales encontraban en asesinarse unos a otros la única forma de comunicación posible. Era común que, en cuanto comenzasen otro capítulo de su infinita disputa, con balas haciendo de puntos y comas, la gente del gueto pusiese a la prole bajo resguardo. Al menos hasta que sintiesen que el tema quedase zanjado. Al día siguiente, camino al trabajo, era común que encontrasen en el piso a uno de los contertulios, con un gesto extrañamente plácido, si se juzga por la incómoda posición en la que yacía. O hasta a algún vecino que hubiese quedado atrapado en eso que policialmente se conoce bajo el poético nombre de «fuego cruzado». Atrapado para no volver, como si lo hiciera en otra dimensión.

«Fuego cruzado» era, para ellos, un eufemismo que resolvían con la expresión «mala leche». Y a seguir la vida.

La «autoridad» —otro eufemismo— nunca subía, y si lo hacía era para ejercer represión. Usualmente en la entrada. Alcabalas que dibujaban el límite donde terminaba la ciudad y comenzaba un impreciso extrarradio sin mapa, donde vivía la mayoría de los desdichados que prestaban sus servicios a los habitantes de la ciudad.

A cambio, los dejaban actuar según sus reglas, en su mundo aparte. Todo lo que quisieran mientras no estorbaran.

Y eso sin contar el reclutamiento forzoso, lo más parecido a la trata de esclavos, pero cientos de años después de su abolición oficial. Como eran tiempos de paz, o al menos no había guerra declarada contra otra nación, el reclutamiento forzoso, conocido entre la gente del gueto como «la recluta», era, en no pocas ocasiones, una forma mediante la cual las élites castrenses se proveían de mano de obra gratuita para satisfacer las necesidades de servicio de su familia. Joven que caía en la red de la temida recluta debía exhibir una buena excusa, o una buena palanca, para zafarse del ineludible deber de «servir a la Patria».

La recluta dividía al mundo, con un bisturí afiladísimo, entre los que estudiaban en la universidad y los que estudiaban la manera de llevar la menor cantidad de humillaciones posibles de parte de los siempre caprichosos mandos superiores.

Su vida era sumamente dura. Y, por dura, decimos desesperanzada. Tanto, que quizá por eso mismo los más débiles –o los más lúcidos, vaya usted a saber– de entre ellos apostaban a atravesarla rumbeando, preñando vecinas, hundiéndose en el vicio y ejerciendo todo aquello que les hiciese perder de vista el tamaño de la enorme muralla que los dividía de la ciudad.

Así se fue haciendo la vida en el gueto. Esas terminaron siendo las reglas del juego.

Vivían invisibles e invisibles morían. Eran habitantes de un mundo subterráneo. La primera alusión a esos nombres, para explicar la subdivisión de la raza humana, la registra el amanuense de *El Viajero*. Un tal H. G. Wells, en un documento titulado *La máquina del tiempo*, publicado por primera vez en 1895. Allí cuenta algo que luego veríamos repetirse a lo largo de la historia del hombre: La indolencia de una élite (los Eloi), frente a la vida feroz que llevaban los miserables y desarrapados (los Morlocks), trajo como consecuencia que los últimos se inmunizaran en el arte de sobrevivir. La comodidad de los primeros, nacida a costa de la pésima calidad de vida de los segundos, produjo dos especies poderosamente diferenciadas. Dos especies enfrentadas, irreconciliables, enemigas. Los primeros se volverían cada vez más frágiles, en tanto los segundos se volverían resistentes a las rudas condiciones a las que estaban condenados. Sus modos de vida serían, respectivamente, su perdición y su salvación.

Como el amor en ciertas parejas, la máquina se fue deteriorando en silencio. Un día no respondió a la programación prevista. Un día que a nadie debió sorprender, el antiguo orden comenzó a invertirse, asomando el fin de una época. Bajo el llamado de un líder emergido de las pesadillas de los Eloi, los Morlocks creyeron atender a un llamado liberador. Y fue así como el gueto, como un virus, se fue comiendo a la ciudad. Esas inmensas mayorías, habitantes del viejo mundo, acostumbradas a la vida subterránea, o invisible, vieron abolirse los muros que separaban sus paisajes y, con un viejo ánimo de revancha, tomaron la ciudad por asalto.

Indómitos, resentidos, implacables, al no lograr asimilar el gueto a la ciudad, invirtieron la operación en un proceso lento pero indetenible. Ahora la ciudad pasó a ser el gueto, extendiendo sus reglas de un mundo aparte.

Ahora, el agua en la ciudad, que pasó a ser el gueto, llega cada dos semanas. Apenas un chorrito. Y usualmente turbia. Del resto de los servicios, como la luz y el aseo urbano, mejor ni hablar...

www.ingramcontent.com/pod-product-compliance
Lightning Source LLC
Chambersburg PA
CBHW030019290326
41934CB00005B/409